手掌訣淺釋與應用

松林山人／著

進源書局

目錄

手掌訣淺釋與應用

壹、前言

掌訣就是古代的風水命理專家們，以自己手掌的各指節來代表一定的字義或數字，並以掐指的動作，在手掌上移動推算出所要應用的風水命理資料。手掌訣的運用，在五術方面是相當頻繁而廣泛的，尤其在沒有電腦可供使用的狀況下，更是有其熟習的價值與必要。

掌訣圖譜在各類的風水命理書籍上頗為常見，通常在擇日用的「通書」上，至少可見到四類掌訣圖，諸如十二支掌，排山掌訣、後天掌訣、翻卦掌訣、其圖示如下：

掌訣的內容，主要包括數字、五行、天干、地支、易經八卦、紫白飛星、十二長生、二十四節氣、二十八星宿、以及一些特殊的神煞名稱。因此，在細說各掌訣圖之前，要先對其組成的基本內容，有一個初淺的概念，否則，對初學者而言，實不易入門，茲分別析述如後：

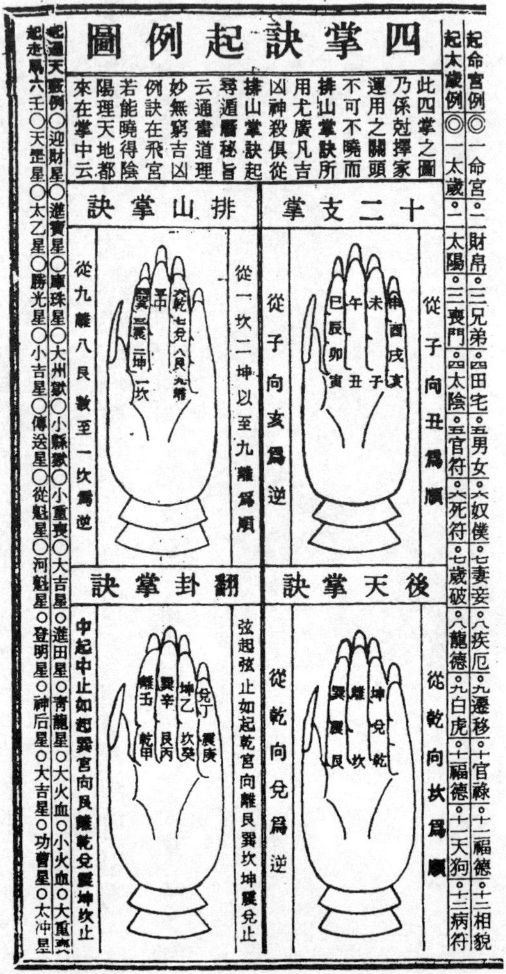

起命宮例◎一命宮○二財帛○三兄弟○四田宅○五男女○六奴僕○七妻妾○八疾厄○九遷移○十官祿○十一福德○十二相貌
起太歲例◎一太歲○二太陽○三喪門○四太陰○五官符○六死符○七歲破○八龍德○九白虎○十福德○十一天狗○十二病符
四掌訣起例圖
此四掌之圖乃係尅擇家運用之關頭不可不曉而排山掌訣所用尤廣凡吉凶神殺俱從排山掌訣起尋遁曆秘旨云通書道理妙無窮吉凶例訣在飛宮若能曉得陰陽理天地都來在掌中云
十二支掌
從子向丑爲順
從子向亥爲逆
排山掌訣
從一坎二坤以至九離爲順
從九離八艮數至一坎爲逆
後天掌訣
從乾向坎爲順
從乾向兌爲逆
翻卦掌訣
弦起弦止如起乾宮向離艮巽坎坤震兌止
中起中止如起巽宮向艮離乾兌震坤坎止
起通天竅例◎迎財星◎進寶星◎庫珠星◎大州獄◎小縣獄◎小重喪◎大吉星○進田星○青龍星○大火血○小火血○大重喪
起走馬六壬◎天罡星◎太乙星◎勝光星◎小吉星◎傳送星◎從魁星◎河魁星○登明星○神后星○大吉星○功曹星○太沖星

一、五行

「五行」一辭，初指木、火、土、金、水等五種物質的名稱。「行」的意思，就是指「順天行氣」。關於五行的吉凶理論，根據中國歷史記載；係源自周朝周武王年代，由箕子作成了叫做洪範的一篇文件當中。史記宋微子世家對此有所記錄，所謂「洪」就是指「大」的意思；所謂「範」就是指「法」的意思，洪範的主要內容是在論述天地之大規律。其後，又有將五行比做「五星」，漢書律歷志云：「水合於辰星，火合於熒惑，金合於太白，木合於歲星，土合於鎮星。」由是可知，中國在漢朝時代的命理學家，就已經會依據人們出生時辰所當值的星位來論祿命，此後漸漸發展出「紫微斗數」和「子平八字」兩大論命體系。

「五行」的順序，是要依其相互間的生剋關係而加以排列的，其相生、相剋的規律如下：

相生：木生火、火生土、土生金、金生水、水生木。

相剋：木剋土、土剋水、水剋火、火剋金、金剋木。

所以，我們應該順其規律而唸成：「木、火、土、金、水」或「火、木、水、金、土」等，而不可唸成：「金木水火土」，那是外行人的講法，被人偷笑為老粗、沒學問。

五行是順時針方向相生，反時針方向為「逆生」、在掌訣圖上是隔指相剋，圖示如下：

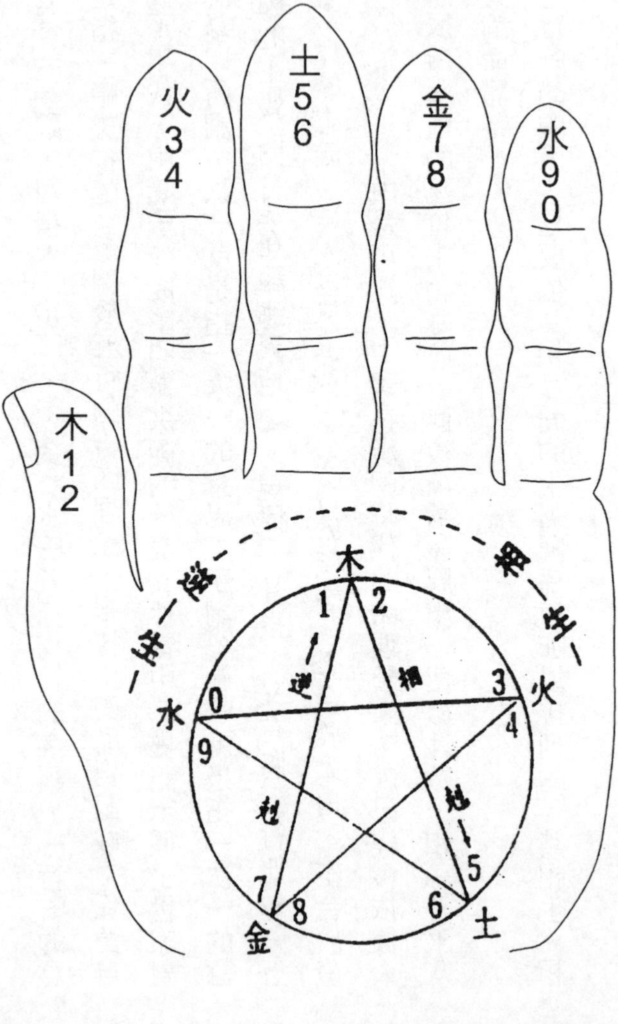

初學者不妨作這樣的認知，以便於記憶：「木」是易燃物，引燃後就產生火光，「火」把樹木燒成灰就會產生土，「土」地之中埋藏的礦物可產生各種金屬、所以土生金，「金」屬受到高溫會熔化成流動的水，「水」分可助成植物的生長，所以水生木，這些就是五行相生的情形。至於相剋就是有抑制、克服的意思，比如「木」的根部可以穿透土壤而伸展並吸取土中養分，故木能剋土，「土」可以掩蓋，阻擋水勢，甚至完全吸收，故土剋水，「水」可滅火，而「火」的高溫又可熔化金屬，「金」的尖利足以刺傷、砍斷樹木；因此，五行之相互間又產生了喜忌，其情形如下：

金：金賴土生，土多金埋。金能生水，水多金沈。金能剋木，木堅金缺。
金衰遇火，必見銷鎔。強金得水，方挫其鋒。金旺逢火，方成器皿。

木：木賴水生，水多木漂。木能生火，火多木焚。木能剋土，土重木折。
木旺得金，方成棟梁。木弱逢金，必為砍折。強木得火，方洩其英。

水：水賴金生，金多水濁。水能生木，木盛水縮。水能剋火，火多水熱。
水旺得土，方成池沼。水弱逢土，必為淤塞。強水得木，方緩其勢。

火：火賴木生，木多火熾。火能生土，土多火晦。火能剋金，金多火熄。

火弱逢水，必為熄滅。火旺得水，方成相濟。強火得土，方斂其焰。

土：土賴火生，火多土焦。土能生金，金多土弱。土能剋水，水多土流。土旺得木，方能疏通。土衰逢木，必遭傾陷。強土得金，方化其頑。

又由於五行相互間的喜忌特性而將其與四季節氣的旺相休囚作歸屬，產生了下表：

月令	節令	旺	相	休	囚	死
正月·二月	春	木	火	水	金	土
四月·五月	夏	火	土	木	水	金
三月·六月·九月·十二月	四季	土	金	火	木	水
七月·八月	秋	金	水	土	火	木
十月·十一月	冬	水	木	金	土	火

所謂「旺」者，乃代表當令（月令）的旺盛之氣，例如甲乙寅卯木旺於春季。「相」者為旺之延生，為次旺之氣，例如丙丁巳午火旺於夏季。「休」者乃旺後之退氣，例如庚辛申酉金旺於秋季。「囚」者剋我而之衰氣，剋我無力

反為我所制伏，例如壬癸亥子水旺於冬季。「死」者為我所剋之氣，其氣最弱，例如戊己辰戌丑未土旺於四季也。

在節氣上，立春木旺，立夏火旺，立秋金旺，立冬水旺，各旺七十二日，土則於「四立」之前各旺十八日，亦合為七十二日，總計為三百六十日成一歲。

當春天草「木」生旺之際，忌受「金」剋「土」折，因五行中金剋木，而土重則木折，故春木不喜多「金」，同理，夏天「火」旺時，不宜「水」多來剋，秋天「金」旺，不喜多「火」，冬天「水」旺，亦忌多「土」。而「土」則旺於四季，故忌有「木」來剋。此皆五行於四季之應用。

此外，古人更將五行與天干、地支、數理、卦象、陰陽，方位、顏色乃至於日常生活，以及在學術上可歸類之事象，均依五行之特性而加以比擬分類，以便於推演應用。茲依筆者平日研讀古籍，所蒐集到的資料，製成下述「五行應用對照表」，以供參考。

坎		兌	乾	艮	坤	離		巽	震	卦八
水7		澤4	天9	山6	地1	火3		風2	雷8	象易
一白		七赤	六白	八白	五黃 二黑	九紫		四綠	三碧	星九
玄武		白虎		螣蛇	勾陳	朱雀		青龍		神六
一六		四九		五十		二七		三八		數成
中男		少女	父	少男	母	中女		長女	長男	象人
水		金		土		火		木		行五
－癸	＋壬	－辛	＋庚	－己	＋戊	－丁	＋丙	－乙	＋甲	干天
亥	子	酉	申	未丑	戌辰	巳	午	卯	寅	支地
十	九	八	七	六	五	四	三	二	一	理數
陰	陽	陰	陽	陰	陽	陰	陽	陰	陽	陽陰
北		西		央中		南		東		位方
冬		秋		（夏常）季四		夏		春		氣節
黑、灰		白、金、銀		黃、咖啡		赤、紫		青、綠、藍		色五
智		義		信		禮		仁		常五
鹹		辛		甘		苦		酸		味五
腐		腥		香		焦		臊		臭五
胱膀、腎		腸大、肺		胃、脾		腸小、心		膽、肝		臟五
志		魄		意		神		魂		藏五
驚		恐　悲		思　憂		喜		怒		志五
耳		鼻		唇（身）		舌		目		官五
唾		涕		汗		涎		淚		液五
頦		右頰		鼻		額		左頰		部五
呻		哭		歌		笑		呼		聲五
唇	羽	齒	商	喉	宮	舌	徵	牙	角	音五
微		促		慢		雄		急		速五
寒		燥		溼		暑（火）		風		氣五
微		賊		實		虛		正		病五
沉		浮		緩		洪		弦		脈五
生殖泌尿 腎血耳 下腹產		呼吸 肺筋骨 口舌喉		消化 脾胃腹 骨子宮		血液循環 心疾眼 腦發狂		神經 肝手足 腸風濕		系統 病根

應用舉例：

例（一）八宅派將陽宅分為八種，各配以五行屬性，亦將人的出生年命分為八種即：

東四命：震（木）、巽（木）、離（火）、坎（水）、

西四命：兌（金）、乾（金）、坤（土）、艮（土）

東四命的人，要住東四宅向的陽宅。

例（二）紫白飛星派，係以紫白九星配五行，來論宅內吉凶。

在剋擇應用上，通常以「金」、「水」為吉星，「火」星之性燥烈多凶，「土」、「木」二星則以為能掩日月之光，而蔽山向之明。

五行的應用，在中國五術方面，不論是山、醫、命、相、卜均各有其推論的方法與原則，主要的原則就是依據五行相互間的生剋比旺關係，來定出方法，對所分類之事物加以套用推論，以確認事象之吉凶休咎。例如在陽宅上，紫白飛星派，將五行之生剋情形，名為生、旺、洩、煞、死五氣，將陽宅坐山所屬之卦象，用來定九星飛入中宮之數字，例如坎宅（坐北朝南之屋）則以

『1』數入中宮，再依九宮飛星法，將其餘數字飛佈其他八宮，以中宮為『我』，其餘八宮之五行與中宮『我』相比對，得出下列五氣，即是五行生剋之氣。

生氣：宮位九星五行生中宮九星五行

旺氣：宮位九星五行同中宮九星五行

煞氣：宮位九星五行剋中宮九星五行

洩氣：宮位九星五行受中宮九星五行所生

死氣：宮位九星五行受中宮九星五行所剋

其口訣為：生我生、同我旺、剋我煞、我生洩、我剋死

茲以坎宅為例，其圖示如下：

	巽宮	離宮	坤宮	
	九紫離火受一白坎水所剋為 死氣	五黃土星剋一白坎水為 煞氣	七赤兌金生一白坎水為 生氣	
震宮	八白艮土剋一白坎水為 煞氣	一白 坎水	三碧震木受一白坎水所生為 洩氣	兌宮
	四綠巽木受一白坎水所生為 洩氣	六白乾金生一白坎水為 生氣	二黑坤土剋一白坎水為 煞氣	
	艮宮	坎宮	乾宮	

【坎宅】

生方主發人丁，旺方主發財祿，煞方主應鰥寡損丁，洩方主破敗官訟，死方主人丁不旺。在五氣方位上，所宜之事物，分舉如下：

1.生氣方：置床、六畜、爐灶、神位、門、臥室、商店大門、收銀機（檯）。

2.旺氣方：置床、六畜、爐灶、神位、商店大門、收銀機。

3.煞氣方：置床、若係五黃方可開門出煞，因沖關門不發兇，人氣可以化煞為權。

4.洩氣方：置電器、廁所、冰箱、重機具、儲藏室。

5.死氣方：同洩氣方用。

其掌訣圖示如下：

紫白飛星掌訣圖

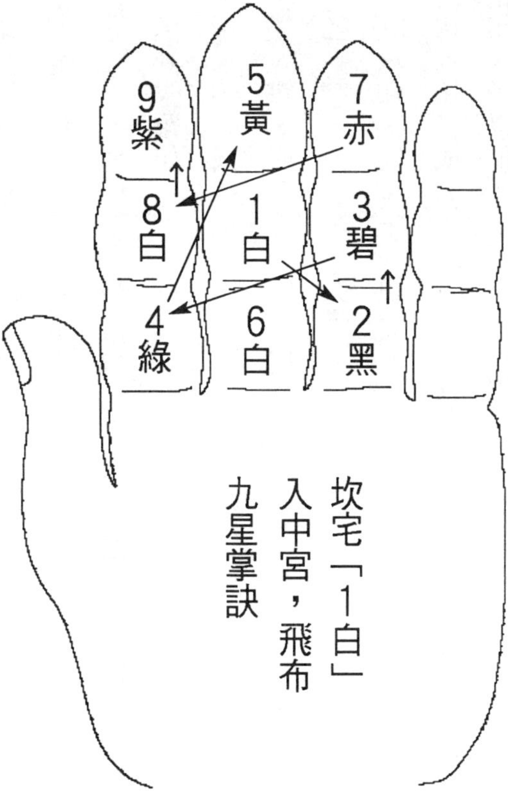
9紫
5黃
7赤
8白
1白
3碧
4緣
6白
2黑
坎宅「1白」入中宮，飛布
九星掌訣

二、天干地支

中國古代向以干支紀年、紀月、紀日、紀時，史記正義釋註云：「皇帝受筴命大橈造甲子，容成造曆。」就是用十天干（甲、乙、丙、丁、戊、己、庚、辛、壬、癸）配十二地支（子、丑、寅、卯、辰、巳、午、未、申、酉、戌、亥），採「天前地後」方式，以干支的第一個字互相搭配，陽干配陽支，陰干配陰支，其歸類如下：

陽干：甲、丙、戊、庚、壬。

陽支：子、寅、辰、午、申、戌。

陰干：乙、丁、己、辛、癸。

陰支：丑、卯、巳、未、酉、亥。

由此而排列組合成六十組干支，稱為「六十花甲子」代表每六十年一個循環，用以紀年，所以稱六十年為「一甲子」。其順序如下：

1甲子	2乙丑	3丙寅	4丁卯	5戊辰	6己巳
7庚午	8辛未	9壬申	10癸酉	11甲戌	12乙亥
13丙子	14丁丑	15戊寅	16己卯	17庚辰	18辛巳

19壬午	20癸未	21甲申	22乙酉	23丙戌	24丁亥
25戊子	26己丑	27庚寅	28辛卯	29壬辰	30癸巳
31甲午	32乙未	33丙申	34丁酉	35戊戌	36己亥
37庚子	38辛丑	39壬寅	40癸卯	41甲辰	42己巳
43丙午	44丁未	45戊申	46己酉	47庚戌	48辛亥
49壬子	50癸丑	51甲寅	52乙卯	53丙辰	54丁巳
55戊午	56己未	57庚甲	58辛酉	59壬戌	60癸亥

所謂「天支」，就是以「樹幹」與「樹枝」做比諭來訂定相配的關係，竿為天元，支為地元，相傳是天皇氏所創，至於黃帝命大橈氏以天干配地支造曆，則有正史的記載。又據爾雅釋天篇所載：「十月為陽，十一月為辜，十二月涂，……」的說法，以十月建亥，為地支之末，稱十一月為子月，十二月為丑月，第二年的正月為建寅，二月為卯，至十月又重新開始，其紀年的方式與用法，詳如下表：

地支	寅	卯	辰	巳	午	未	申	酉	戌	亥	子	丑
月份	1月	2月	3月	4月	5月	6月	7月	8月	9月	10月	11月	12月
文人用	孟春	仲春	季春	孟夏	仲夏	季夏	孟秋	仲秋	季秋	孟冬	仲冬	季冬
墓碑用	端月	花月	桐月	梅月	蒲月	荔月	瓜月	桂月	菊月	陽月	霞月	臘月

至於紀日的方式則與紀年相同，是六十天一個循環，紀時則是把一天的二十四小時，以每二小時為一支，子時就是二十三時到次日凌晨一時，其中又分「早子」與「晚子」，早子就是當日凌晨零時至一時；晚子就是當日晚間二十三時至二十四時。其干支排列如下表：

時刻干、支表（紫微斗數論法）

午別	時刻	時	甲巳	乙庚	丙辛	丁壬	戊癸
上午	早子	自24時至1時	甲子	丙子	戊子	庚子	壬子
	丑	自1時至3時	乙丑	丁丑	己丑	辛丑	癸丑
	寅	自3時至5時	丙寅	戊寅	庚寅	壬寅	甲寅
	卯	自5時至7時	丁卯	己卯	辛卯	癸卯	乙卯
	辰	自7時至9時	戊辰	庚辰	壬辰	甲辰	丙辰
	巳	自9時至11時	己巳	辛巳	癸巳	乙巳	丁巳
	午	自11時至13時	庚午	壬午	甲午	丙午	戊午
下午	未	自13時至15時	辛未	癸未	乙未	丁未	己未
	申	自15時至17時	壬申	甲申	丙申	戊申	庚申
	酉	自17時至19時	癸酉	乙酉	丁酉	己酉	辛酉
	戌	自19時至21時	甲戌	丙戌	戊戌	庚戌	壬戌
	亥	自21時至23時	乙亥	丁亥	己亥	辛亥	癸亥
	晚子	自23時至24時	丙子	戊子	庚子	壬子	甲子

天干地支，除了上述用以紀年、紀月、紀日、紀時、類此事象之外，亦因其所具之陰陽五行屬性，各干各支相互間產生的互動關係，而在應用上推演出許多吉凶的意義，例如相合、相剋、相會、比和、沖、刑、害、破等規劃，茲分述其要如下：

1.相合：合就是聚合，凡氣生則旺，合則聚，為「運氣同乎，和合之妙義也。」乃夫婦有情陰陽和合之義。

2.相剋：剋就是節制、壓抑、同類相剋，有如磁力作用，同性相斥，異極相吸的現象。

3.相會：係依三合而成會局，本於五行生旺之意義，凡物生欲其旺，旺欲其成，至於會局則生生不已，循環無窮。

4.比和：為同氣相求，比肩同旺的意思。例如甲遇甲。

5.沖：就是方位相對，又稱為「對沖」，即「對我」而沖之義，凡氣沖則破，破則散，氣散則衰。

6.刑：即犯三刑受傷之意思，其間有相互排斥之意，只是相互戕賊而已，或則自傷，與沖不同，無關吉凶。

7.害：即「不和」之義，沖我所合之神，絕我之好，是害我之朋。是以害之力量又遜於「刑」。惟以凶害吉，亦會損吉。

8.破：即破敗耗損之義、相破的意思就是互相戰鬥干擾。

以上情形，圖示如下：

（一）天干五合：陰陽相配、財官得吉神。

甲己合土。

乙庚合金。

丙辛合水。

丁壬合木。

戊癸合火。

隔四相合。

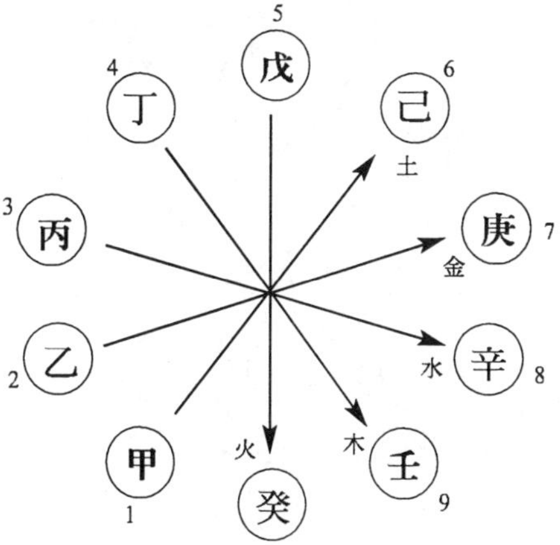

相合之理源於河洛理數，如一六共宗。然合化之理則依據內經。

（二）天干相剋

甲乙木剋戊己土

丙丁火剋庚辛金

戊己土剋壬癸水

庚辛金剋甲乙木

壬癸水剋丙丁火

隔三相剋

另以逢七為剋之「五不遇時」，容後再述。

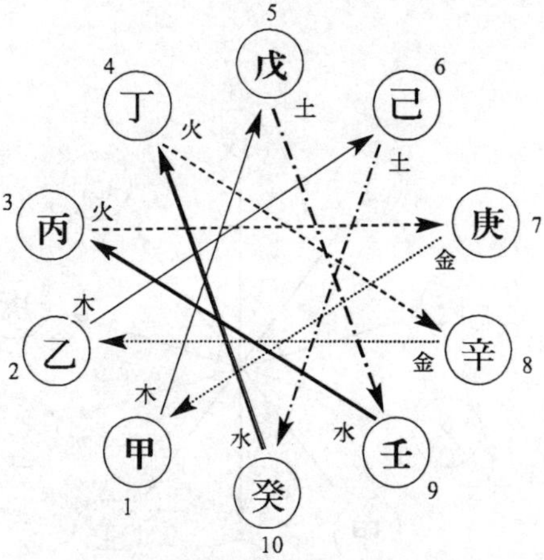

（三）天干相沖（坐山沖）即東西相對，南北相對也。

甲庚沖

乙辛沖

丙壬沖

丁癸沖

戊己中土無對無沖

凡所喜之神畏沖

所忌之神欲沖。

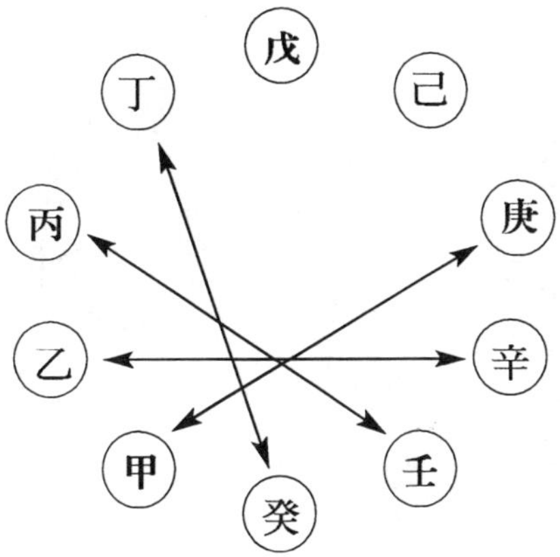

若甲庚沖而得壬通關，則為「沖和」。得丙制之，則為「制沖」。

（四）地支三合

寅午戌三合火

申子辰三合水

巳酉丑三合金

亥卯未三合木

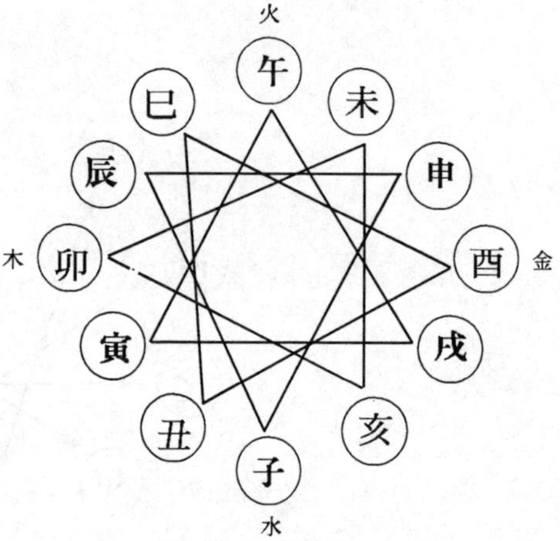

八字四柱中有三支合局，其力最強，若僅二支合局，謂之半合，有旺支為佳。凡合必忌刑沖，因將形成破局。

（五）地支六合

子丑合土

寅亥合木

卯戌合火

辰酉合金

巳申合水

午未合日月

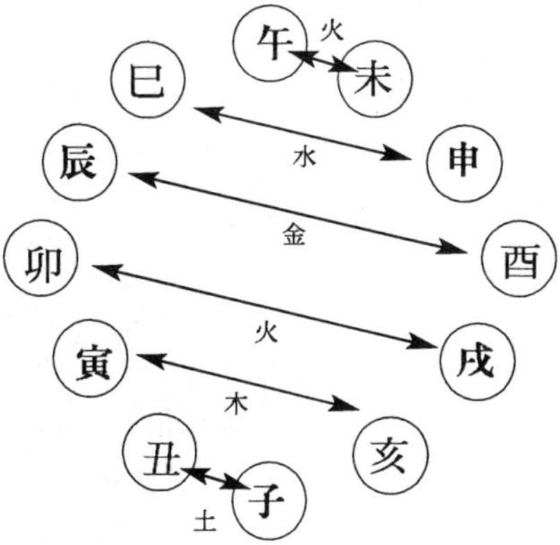

正月建寅，太陽在亥，二月建卯，太陽在戌

三月建辰，太陽在酉。同理可推其他之義。

（六）地支三會：三個地支會合一方。

寅卯辰三會東方木

申酉戌三會西方金

巳午未三會南方火

亥子丑三會北方水

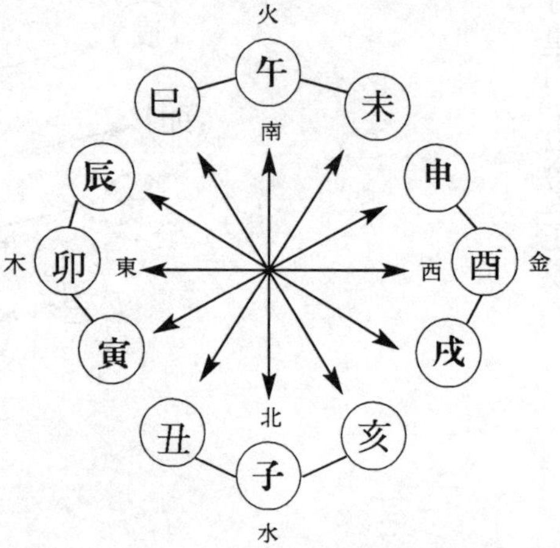

（七）地支六沖：地支對沖。

子午沖。

丑未沖。

寅申沖。

卯酉沖。

辰戌沖。

巳亥沖。

（八）地支六害：沖其所合者為害，故害就是不和，又名「六穿」。

子害未（羊鼠相逢一旦休）

丑害午（青牛遇白馬不戰而逃）

寅害巳（蛇遇猛虎似刀戳）

卯害辰（玉兔逢龍雲裏去）

申害亥（豬遇猿猴似箭投）

酉害戌（金雞遇犬淚雙流）

六害的力量遜於三刑，以吉害凶未必去凶，但以凶害吉則損吉氣，又其中寅巳相害又兼相刑，故寅巳申相遇當以刑論，而不再論害矣。

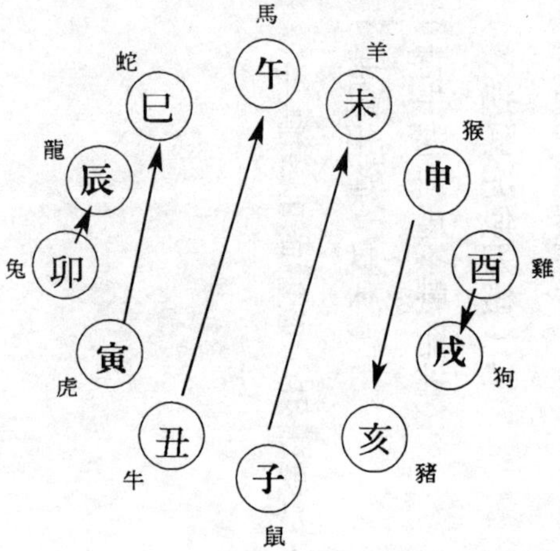

（九）地支六破

子破酉雞。
寅破亥豬。
辰破丑牛。
午破卯兔。
申破巳蛇。
戌破未羊。

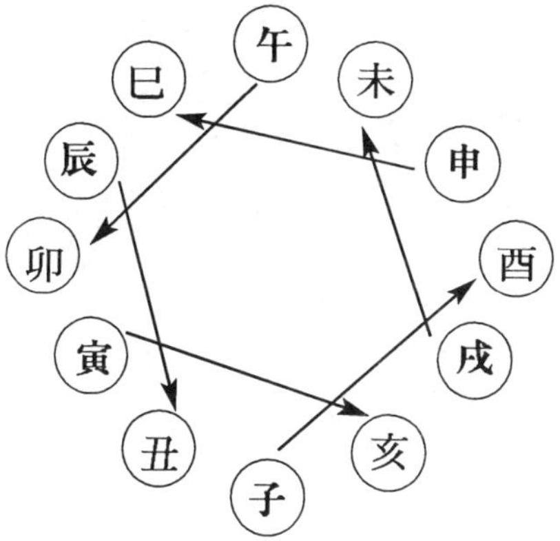

但此中有矛盾，例如寅亥相合，巳申相合，故其「破」可議。

（十）地支相刑：刑者滿極招損之意。

寅巳申無恩三刑（寅刑巳、巳刑申、申刑寅）

丑戌未持勢三刑（丑刑戌、戌刑未、未刑丑）

子刑卯無禮之刑（子刑卯、卯刑子）

辰午酉亥自刑（辰刑辰、午刑午、酉刑酉、亥刑亥）

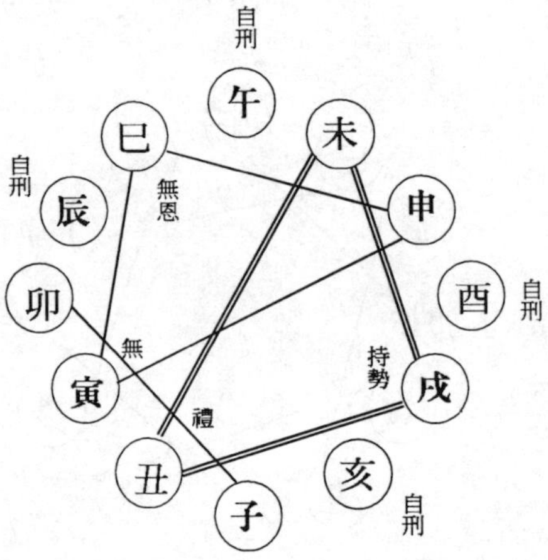

地支支合、三合、刑、沖、破、害一覽表

日支 ╲ 幹子	子	丑	寅	卯	辰	巳	午	未	申	酉	戌	亥
子		合		刑	三合		沖	害	三合	破		
丑	合				破	三合	害	刑沖		三合	刑	
寅						刑害	三合		刑沖		三合	合破
卯	刑				害		破	三合		沖	合	三合
辰	三合	破		害	刑				三合	合	沖	
巳		三合	刑害						合破刑	三合	沖	
午	沖	害	三合	破			刑	合			三合	
未	害	刑沖		三合			合				刑破	三合
申	三合		刑沖		三合	合破刑						害
酉	破	三合		沖	合	三合				刑	害	
戌		刑	三合	合	沖		三合	刑破		害		
亥			合破	三合		沖		三合	害			刑

三、易經八卦之象

乾三連 ☰ 天九

坤六斷 ☷ 地一

離中虛 ☲ 火三

坎中滿 ☵ 水七

兌上缺 ☱ 澤四

巽下斷 ☴ 風二

雲仰盂 ☳ 雷八

艮覆碗 ☶ 山六

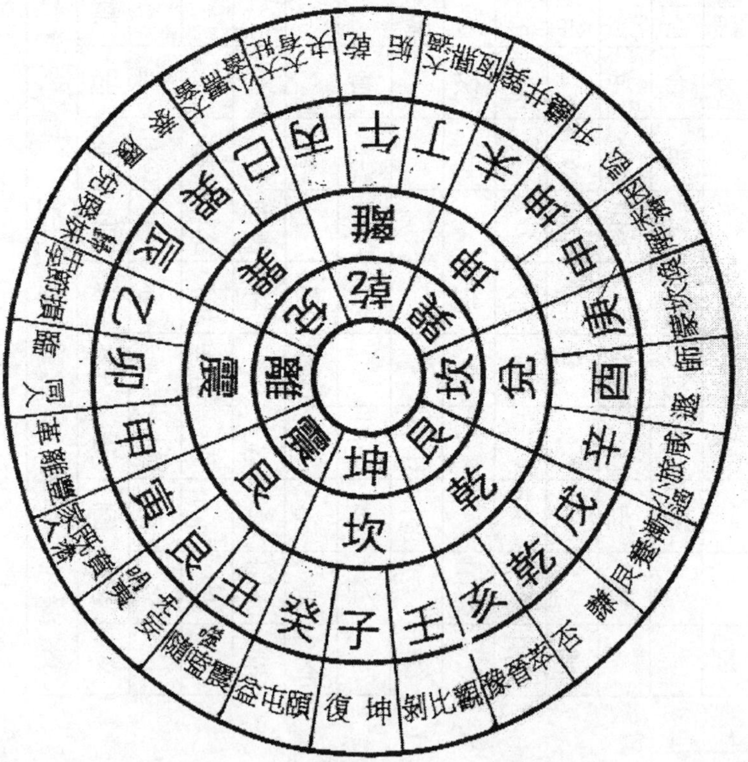

內圈為先天八卦：伏羲卦

乾、兌、離、震、巽、坎、艮、坤。（主卦運）

外圈為後天八卦：文王卦

離、巽、震、艮、坤、兌、乾、坎。（主方位）

第三圈為一卦管三個山，共計有二十四山。

第四圈為六十四卦所在方位及名稱。

八卦之爻神如下：

⚊ 稱為陽爻（九）

⚋ 稱為陰爻（六）

四正卦：坎、震、兌、離（1、3、7、9）

四隅卦：坤、巽、乾、艮（2、4、6、8）

四、紫白九星

(一)概說：

紫白飛星法係以河圖及後天八卦二者為理論依據，將陽宅區分為八個方位，每一個方位算一個宮，加上中間部分為「中宮」，所以合稱為「九宮」。而以北斗九星按宅卦飛泊各宮，據以論斷各宮位之吉凶。又因以八卦飛星化氣時，一坎化為一白水，九離化為九紫火，由一白至九紫，順次飛布各宮，故名為「紫白飛星」，良有以也。

(二)九星與五行，方位，元運之關係如後：

一白坎水位北方，掌一運。
二黑坤土位西南，掌二運。
三碧震木位東方，掌三運。
→ 上元運

四綠巽木位東南，掌四運。
五黃中土位中央，掌五運。
六白乾金位西北，掌六運。
→ 中元運

七赤兌金位西方，掌七運。
八白艮土位東北，掌八運。
九紫離火位南方，掌九運。
→ 下元運

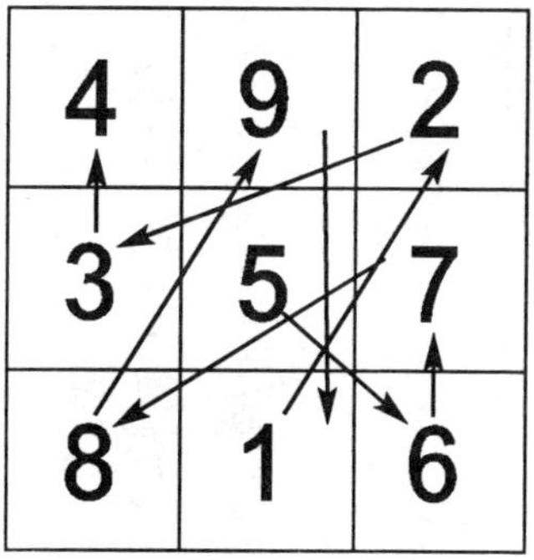

（九星飛泊法）

(三)九宮飛泊法：九宮盤上飛星移動之順序，係自中宮起始，依洛書數，順次飛移九星，其法舉例如左：

順飛：1、2、3、4、5、6、7、8、9

逆飛：9、8、7、6、5、4、3、2、1、(東西南北方向要顛倒才相符合)。

即：中、西北、西、東北、南、北、西南、東、東南

五、二十四節氣

月建	月份	節	氣
寅月	1月	立春	雨水
卯月	2月	驚蟄	春分
辰月	3月	清明	穀雨
巳月	4月	立夏	小滿
午月	5月	芒種	夏至
未月	6月	小暑	大暑
申月	7月	立秋	處暑
酉月	8月	白露	秋分
戌月	9月	寒露	霜降
亥月	10月	立冬	小雪
子月	11月	大雪	冬至
丑月	12月	小寒	大寒

1.立春：立就是起立開始的意思，春就是蠢動之意，表示春天開始，萬象回生，立春日約在陽曆的二月四日或五日。

凡年柱係以立春為支接點，大約在陽曆的十二月、一月、二月之間。又叫「開春」，過了立春，就算增加一歲，故出生於立春後，驚蟄前要用「寅月」定年柱的「支」立春那天，天氣晴朗，則是豐年的預兆。立春日若下雨，則到清明節前都多雨。

2.雨水：約在陽曆二月十九日或二十日。雨水之後，天氣漸暖，雨量漸多。

3.驚蟄：又稱「京直」，二月初驚蟄，約在陽曆的三月五日或六日，是驚醒冬眠蟄伏的昆蟲之意，驚蟄以後，夜間蟲鳴大作，天氣漸轉暖，開始春耕。

併諺云：二月二打雷、稻尾較重鎚。

蝗蟲飛不息，春分歲又歉，

風雨若交加，米貴價難下。

二月初二日，有雨則應農桑雜穀不利。

4.春分：所謂「分」就是陰陽各半之意，春分日陽光直射赤道，白天和黑夜等長，植物快速生長。約在陽曆三月二十日或二十一日。俗諺：春分有雨病人稀。

5.清明：約在陽曆四月四日或五日，意謂氣清明朗、天氣變暖，草木萌芽生長。清明日刮南風則為豐收之年。但怕風雨交加，則不祥。

6.穀雨：約在陽曆四月廿日或廿一日。為百穀之雨，雨水增多，是春耕播動的好季節。

7.立夏：約在陽曆的五月五日或六日。為夏天的開始，農作物生長旺盛的農忙時節。立夏日宜晴，代表五穀豐收之象。

8.小滿：謂「物至於此，小得盈滿。」農作物開始結實，種子逐漸飽滿。約在陽曆五月廿一日或廿二日。

9.芒種：為有芒的作物例如稻麥等，長出芒刺的時節，長江中下游地區將進入梅雨季節。約在陽曆六月五日或六日，開始秋播。五月朔日值芒種，六畜大凶。值夏至，則入冬米價昂。有大風大雨，則鬧饑荒，故此日宜天氣晴和。

10.夏至：此日陽光直射至北迴歸線，白天最長，次日開始日漸短，故云：「夏至一陰生，冬至一陽生。」夏至就是奇門遁甲「陰局」的開始；冬至就是「陽局」的開始。約在陽曆六月廿一日或廿二日。

11.小暑：為初伏前後，約在陽曆七月七日或八日，天氣小熱尚未大熱。俗諺：「小暑怕東風，大暑怕紅霞。」小暑時吹東風，或大暑前後天邊早晚出紅色彩霞，都是有颱風的預兆。又云：「六月初一，一雷壓九颱，七月初一，一雷九颱來。」

12.大暑：為中伏前後，約在陽曆七月廿三日或廿四日。是一年之中天氣最熱的時期，喜溫植物迅速生長。俗諺：「六月不熱，五谷不熟。」「夏秋之交便有雨，農人相逢個個喜。」

13.立秋：為秋天的開始，約在陽曆的八月七或八日。氣溫始降，中部地區早稻收割，晚稻開始移植。俗諺：「雷打秋，冬半收。」立秋日雷鳴，則為晚稻少收之兆。立秋日有小雨，農桑吉利，大雨則傷禾。又云：「中元有雨秋收不利。」

14. 處暑：為暑氣到此處為止，氣溫逐漸下降。約當陽曆八月廿三日或廿四日。處暑日有小雨，則五谷稍好，若久不降雨，則欠收。俗諺：「好中秋好晚稻。」中秋夜月明亮，為豐收之兆。若逢雲遮雨降，不但秋收難豐，而且來年有水患。

15. 白露：天氣轉涼，晨間見草上露凝而白。約當陽曆九月七日或八日。俗諺：「白露降雨，到處食貴米。」即欠收。

16. 秋分：也是日光直射赤道，白天和黑夜一樣長短。約在陽曆九日廿三日或廿四日。在北方是秋收秋種的時節。

17. 寒露：為寒涼的露氣出現，氣溫降低，露重而冷。約當陽曆十月八日或九日。俗諺：「重陽無雨一冬晴。」將會有個乾冷的冬天。

18. 霜降：為「氣肅而凝，露結為霜」下降於地之時，約當陽曆十月廿三日或廿四日。黃河流域出現初霜，南方地區則為秋收秋種之時。

19. 立冬：為冬季開始，萬物收藏之時節。約當陽曆十一月七日或八日。俗諺：「

十月初一東南風，明夏五谷半成空。」但入冬後吹西北風則吉。

20.小雪：即黃河流域開始降小雪。約當陽曆十一月廿二日或廿三日。俗諺：「冬前霧多不見人，早谷盈悅四民。」

21.大雪：即雪漸多而堆積成天寒地凍之狀。約當陽曆十二月七日或八日。

22.冬至：此日陽光直射南回歸線，白天最短、夜晚最長的時節，次日開始、白天漸長。約當陽曆十二月廿一日或廿二日。俗諺：「冬至天陰無日色，來年定唱太平歌。」農夫開始忙於防凍，堆肥和深耕。農家開始醃臘肉、灌香腸、準備過年的事。

23.小寒：意謂寒氣尚小，只是「三九」的前後，約當陽曆一月五日或六日。事實上已進入嚴寒之季節。

24.大寒：為一年之中最寒冷的時節，約當陽曆一月廿日或廿一日。俗云：「十二月南風現報。」即會馬上下雨。又云：「送神風，接神雨。」意謂十二月廿四日送神時刮大風，則正月初四接神時會下雨。

貳、掌訣圖譜

通常多數人都是用右手拿筆寫字，為了大家的方便，本書還是從眾，以左手掌的圖形來做掌訣的分析。讀者在初學練習之時，可以拿筆在各手指節上寫下掌訣所用字辭，以便熟記及熟習掐指之動作及運行方向，當可逐漸心領神會，得心應手。

一、天干掌訣

天干掌就是以「十天干」為內容，分布掌上各指節間，再以拇指掐點於各指節間，藉以推算出一些由天干之屬性所代表之資訊、例如天干五合、沖、剋之情形，其圖亦如下：

㈠天干五合：即以拇指在掌上循順時針的方向，掐點至第五位天干，例如甲干之五合，即由乙干順掐數至己干，即得知為「甲己合。」同理可推知：

乙庚合
丙辛合
丁壬合
戊癸合

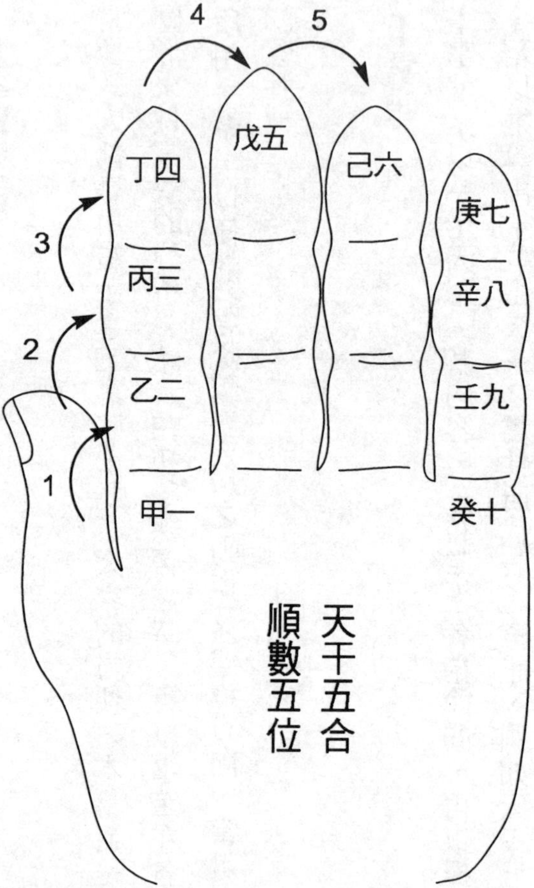

應用舉例：

例如：某王先生是民國四十七年九月十八日丑時生，其四柱八字如下：

年柱：戊戌

月柱：壬戌

日柱：庚辰

時柱：丁丑

當我們要替他選擇入厝或安神明的日子時，看他的八字有「辰戌」沖的現象，就不要再選辰時（上午七點至九點），並要注意「丁壬合」、「乙庚合」「戊癸合」的現象，而選擇「壬午」時或「乙卯」時，「戊午」時等，和他的八字四柱天干相合的時辰來行事，以化其凶，再配合「奇門遁甲」之吉方及剋應，則更加吉利。

㈡天干相剋：即循前例數法，順數四位天干或六位天干，以推知所剋之天干。例如自「甲」干順數至第四位為「戊」干，再順數至第六位為「庚」干，均為「甲」干所產生之相剋關係。即自甲干順數四位或逆數四位的論剋。所謂「五不遇時」，就是各干相隔五位，叫做「五不遇」。例如自「甲干」數至「庚干」，又稱「逢七為剋」，號為「日月損光明」，即時干剋日干，為「以下犯上」不吉，忌上官，出行等事。詳如下表：

天干相剋（時剋日為五不遇）（逢七為剋）	
甲庚一・七	己乙六・二
乙辛二・八	庚丙七・三
丙壬三・九	辛丁八・四
丁癸四・十	壬戊九・五
戊甲五・一	癸己十・六
單數屬陽。雙數屬陰	

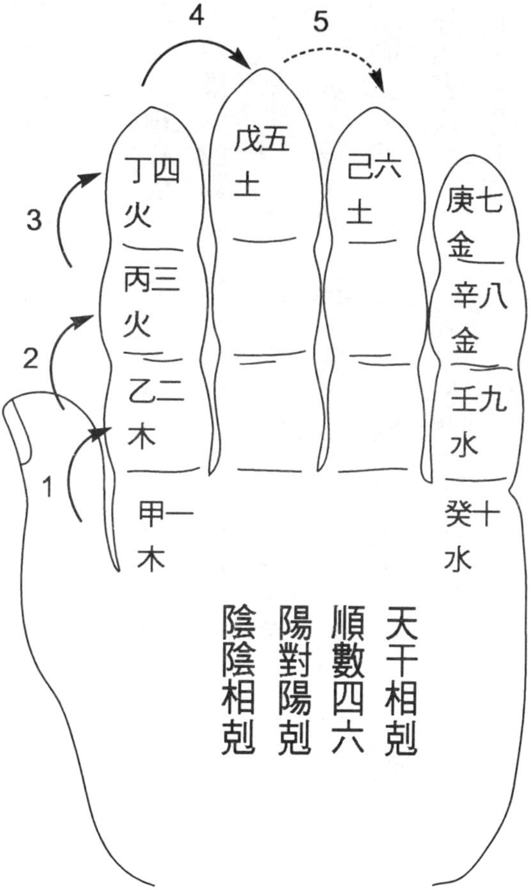
4
5
3
2
1
丁四
火
丙三
火
乙二
木
甲一
木
戊五
土
己六
土
庚七
金
辛八
金
壬九
水
癸十
水
天干相剋
順數四六
陽對陽剋
陰陰相剋

應用舉例：

天干相剋之應用：

例如在「戊辰」日出行，不要選「甲寅」時，因為時干「甲」剋日干「戊」。這一天的「甲寅」時，是「五不遇時」，日月損光明，選這個時段出門，不利於行事，出師不利。

㈢天干相沖：指在羅經上的二十四山中，有八天干相沖。羅盤上的二十四山由八天干，四維（四隅卦）和十二地支組合而成，其詳如下：

八天干：甲、乙、丙、丁、庚、辛、壬、癸。

四維：乾、坤、艮、巽。

十二地支：子、丑、寅、卯、辰、巳、午、未、申、酉、戌、亥。

八卦代表八個方位，一卦（一個大方位）管三山，其詳如下：

1北方（坎卦）：壬、子、癸。

8東北方（艮卦）：丑、艮、寅。

3東方（震卦）：甲、卯、乙。

4東南方（巽卦）：辰、巽、巳。
9南方（離卦）：丙、午、丁。
2西南方（坤卦）：未、坤、申。
7西方（兌卦）：庚、酉、辛。
6西北方（乾卦）：戌、乾、亥。

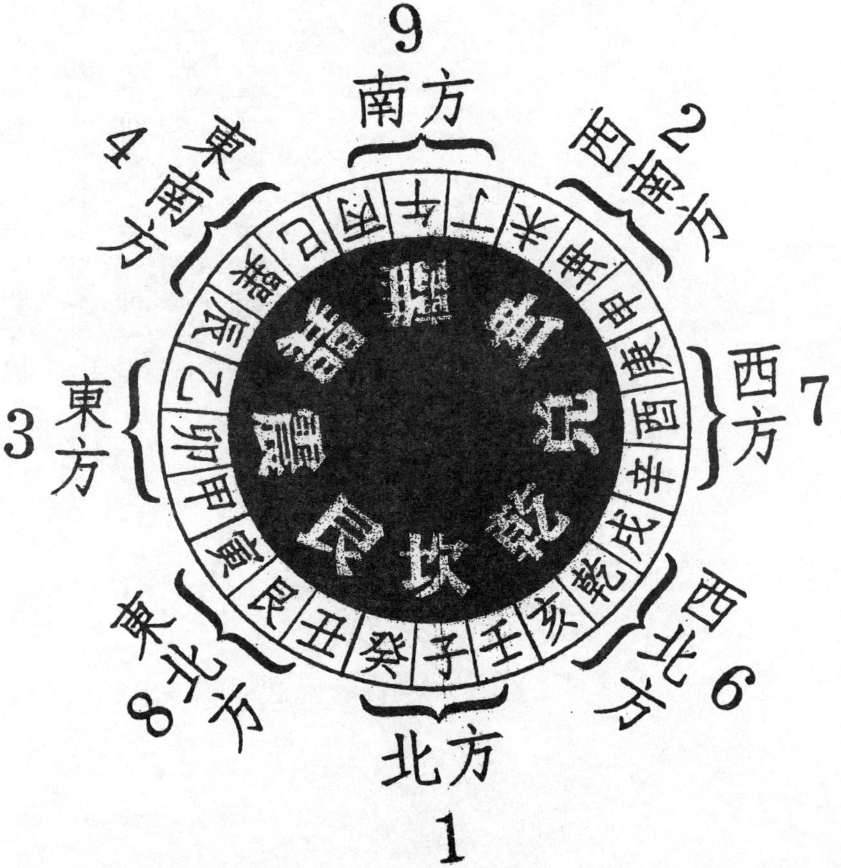
9
南方
西南方
2
西方
7
西北方
6
北方
1
東北方
8
東方
3
東南方
4
丙
午
丁
未
坤
申
庚
酉
辛
戌
乾
亥
壬
子
癸
丑
艮
寅
甲
卯
乙
辰
巽
巳
離
坤
兌
乾
坎
艮
震
巽

南方
西南方
西方
西北方
北方
東北方
東方
東南方
丙
午
丁
未
坤
申
庚
酉
辛
戌
乾
亥
壬
子
癸
丑
艮
寅
甲
卯
乙
辰
巽
巳

應用舉例：

天干相沖之應用：

例如：某王先生的住家為「震宅」，則因一卦管三個山，所以在依「三元玄空」論格局時，若為七運屋（民國七十三年到九十二年癸未年止，這段期間起造之屋），則有下列三種情形：

1. 坐甲向庚：上山下水格局。
2. 坐卯向酉：旺山旺向格局。
3. 坐乙向辛：旺山旺向格局。

視若以羅經測量結果，得知為坐甲山，則甲庚沖，必為甲山庚向之宅，屬「上山下水」格局。凡以手指數至第十三山，就是沖山。不用掌圖。

二、地支掌訣

㈠地支三合：即如下圖的三角關係，在年命的四柱中有符合下圖四組中任何一組的兩個「支」，叫做「二字全」

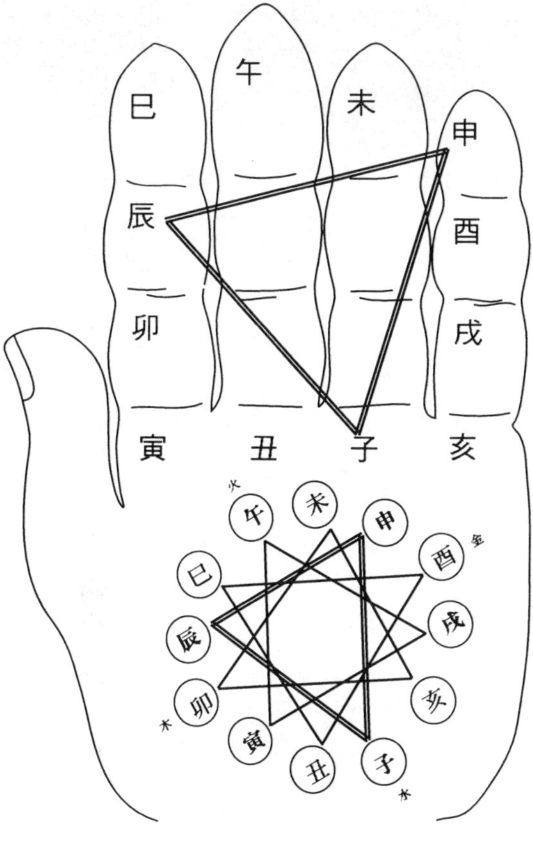
巳
午
未
申
辰
酉
卯
戌
寅
丑
子
亥
火
午
未
申
金
酉
巳
辰
戌
卯
亥
木
寅
丑
子
水

應用舉例：

例如四柱中有申子二字或子辰二宮，或辰申二字，皆可謂之「三合」，如果申子辰三字皆全，謂之「會局」或水局，其餘類推，是為三合會局。

㈡地支三會：即三支會合之方位，例如巳午未三會火方。故每三支一組會合於東南西北四方。

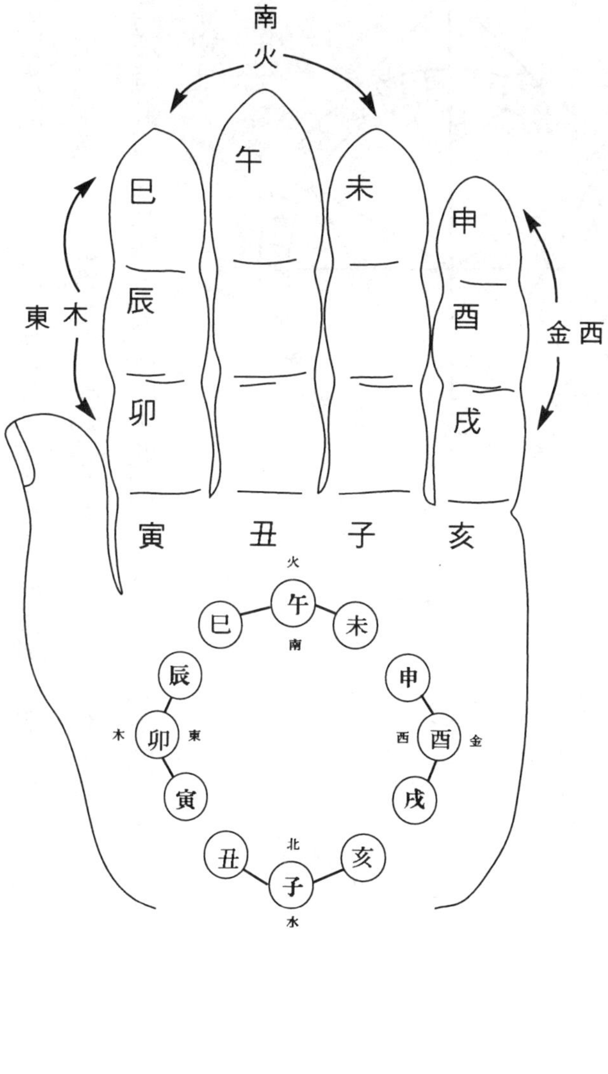
南
火
巳
午
未
申
東 木
辰
酉
金 西
卯
戌
寅
丑
子
亥
火
午
巳
未
南
辰
申
木
卯
東
西
酉
金
寅
戌
北
丑
亥
子
水

應用舉例：

三合與三會之應用：

擇日中的日課忌逢「年三煞」，所謂「三煞」就是地支三合之年，其煞氣在旺方之對宮的「三會方」，例如，申子辰之年，其煞方在對宮「巳午未」之火方，巳稱為劫煞，午為災煞，未為墓庫煞，丙丁為夾煞又名假三煞。三煞方是每年循逆時針方向交替，故每四年輪到一次其順序如下圖：依北↓西↓南↓東之順序逆推：

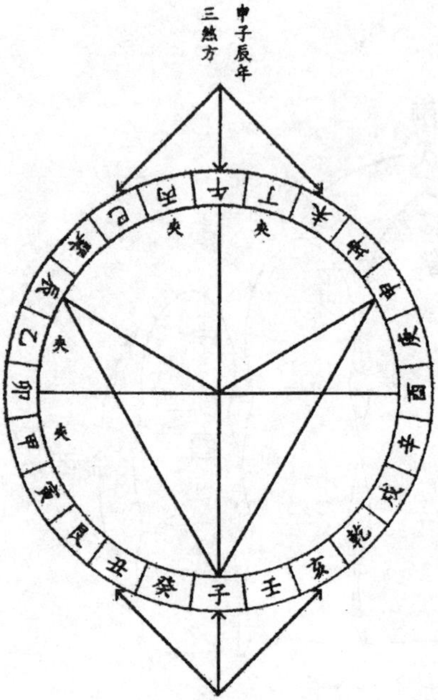

三煞方之圖示

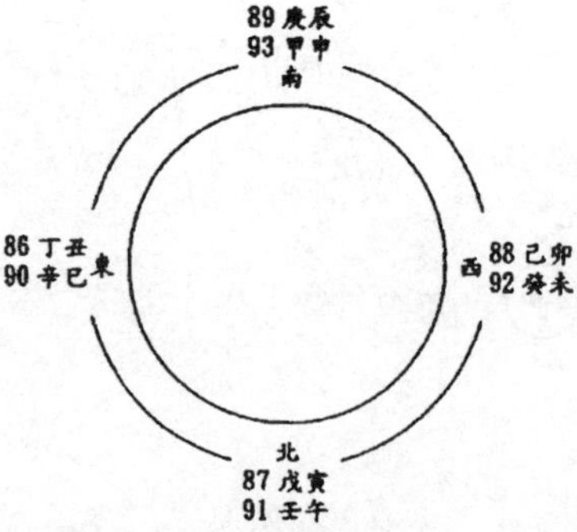

申子辰，年月日時煞南（巳午未方、巽兼巳、坤兼未，對沖山、不造葬）。
寅午戌，年月日時煞北（亥子丑方、乾兼亥、艮兼丑、對沖山、不造葬）。
亥卯未，年月日時煞西（申酉戌方、坤兼申、乾兼戌、對沖山、不造葬）。
巳酉丑，年月日時煞東（寅卯辰方、艮兼寅、巽兼辰、對沖山、不造葬）。

又三煞可向不可坐：

例如寅午戌之年煞在北方，故坐北向南的陽宅為坐「三煞方」，其日課要忌年、月、日、時皆為煞「北」之「水方」，因亥子丑之水無以制火，若擇日用之則犯三煞。故在通書上之紅課，找不到日子。逢煞亦不可安神明，宜用浮爐，使神坐太虛之中，則不生吉凶禍福之狀況下以待來年，再擇吉安奉。

㈢地支六合：凡四柱中「子丑全」者謂之六合，同理，有寅亥全、卯戌全、辰酉全、巳申全、午未全皆謂之「六合」。在掌中所呈現的規律是把四指分成左右兩半、由上至下，左右相對應之六組地支論為「六合」、又稱為「內外橫對」之地支相合，其掌訣如圖：

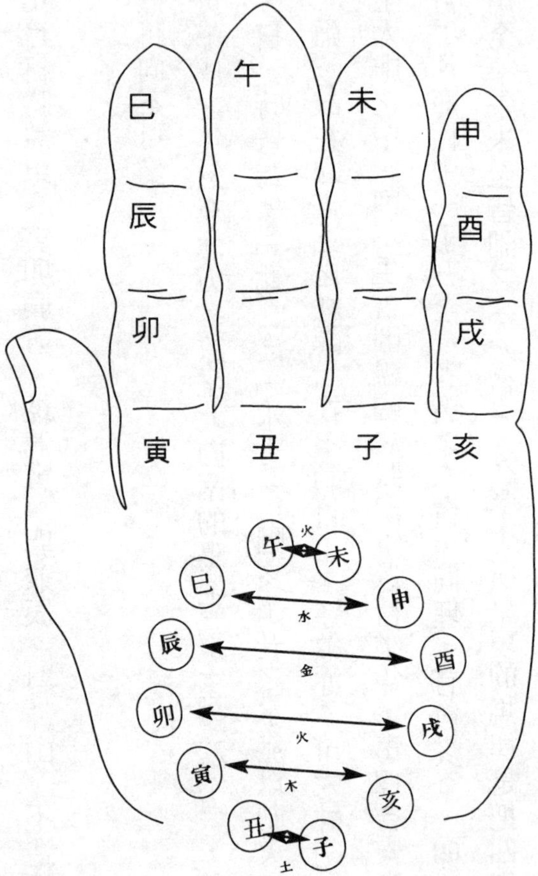
巳
午
未
申
辰
酉
卯
戌
寅
丑
子
亥
火
午
未
巳
申
水
辰
酉
金
卯
戌
火
寅
木
亥
丑
子
土

㈣地支六沖：地支呈對角線相沖，其掌訣如下圖：逢七為沖，逢沖大凶，因其五行相剋，陰陽屬性相斥故也。

地支相沖情形如下：

子午	一・七
丑未	二・八
寅申	三・九
卯酉	四・十
辰戌	五・十一
巳亥	六・十二

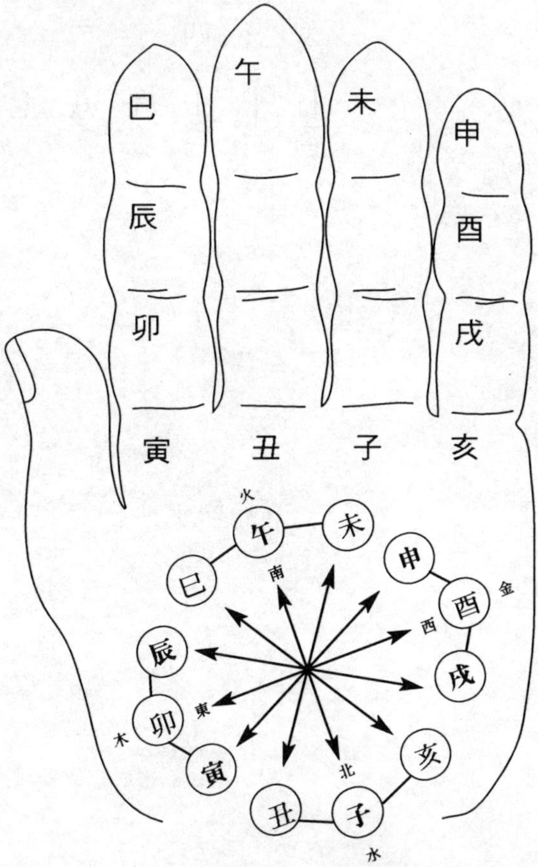
巳
午
未
申
辰
酉
卯
戌
寅
丑
子
亥
火
午
未
巳
申
南
酉
金
西
辰
戌
東
卯
木
亥
寅
北
丑
子
水

應用舉例：

地支沖合之應用：

例如：擇日之時以日課四柱地支來合本命地支則吉，若本命地支受日課四柱地支來沖，則凶。若更加上日課四柱之干天剋命干，則稱為「天剋地沖」，最凶。凡太歲沖命最凶，其次為月支，再次為日支，而時支最輕，可以不計。但仍要兼顧其所屬五行之生剋力量，例如東方木沖西方金，因木為金所剋，故沖不動金，同理，南方火沖北方水，則火為水剋，也沖不動，蓋木不能傷金；火不能剋水，故受傷甚輕。

㈤地支六害：六害在掌中的規律恰與六合相反，是把四指分成上下兩半段，由左至右，上下相對應之六組地支論為「六害」，可謂「上下直對」之地支相害，其掌圖如下：

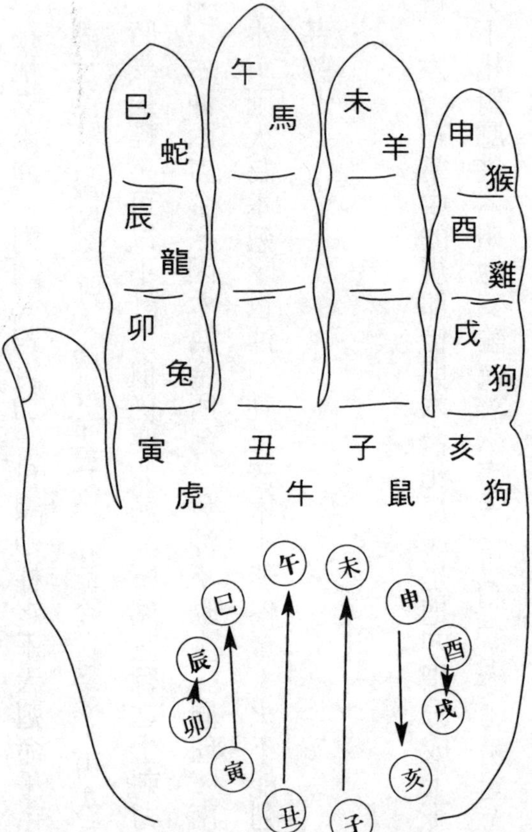
巳
蛇
午
馬
未
羊
申
猴
辰
龍
酉
雞
卯
兔
戌
狗
寅
丑
子
亥
虎
牛
鼠
狗
午
未
巳
申
酉
辰
戌
卯
寅
亥
丑
子

應用舉例：

地支六害之應用：

例如正月建「寅」，「亥」合而有「巳」沖之，故寅與巳害、謂為「蛇遇猛虎似刀戳。」是寅月不用「巳」字，寅山亦不用巳年、巳月、巳日、巳時也。

㈥地支六破：其掌訣規則是自子開始，逆時針方向，隔二相破。其用法與「地支六害」同，甚為少用。

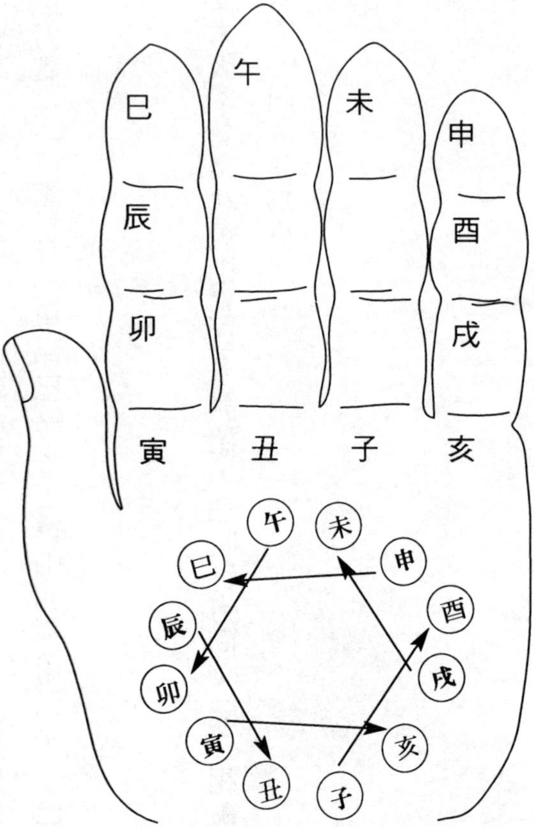
午
巳
未
申
辰
酉
卯
戌
寅
丑
子
亥
午
未
巳
申
酉
辰
戌
卯
寅
亥
丑
子

㈦地支相刑：

寅巳申三支為「無恩之刑」。

丑戌未三支為「持勢之刑」。

子卯二支為「無禮之刑」。

辰、午、酉、亥為「自刑」。其掌訣圖形如下：

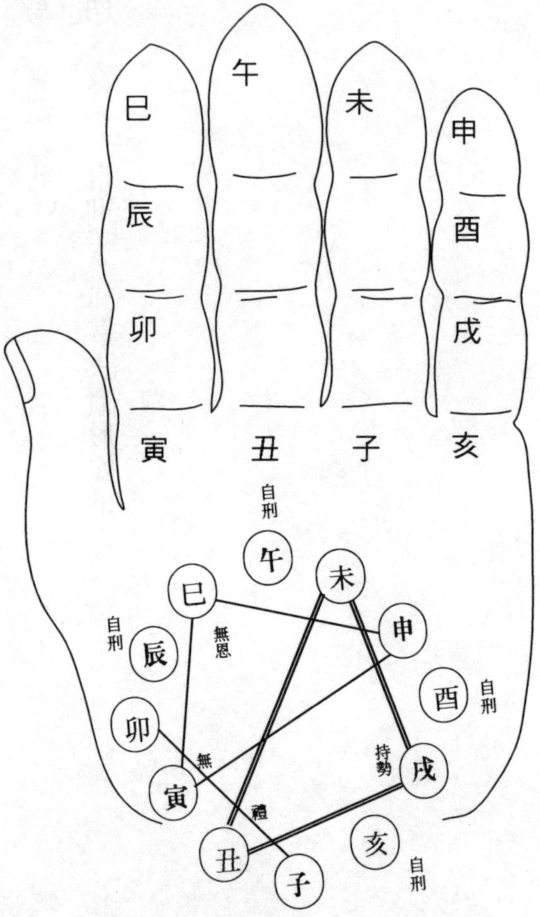
巳
午
未
申
辰
酉
卯
戌
寅
丑
子
亥
自刑
午
巳
未
申
自刑
辰
無恩
酉
自刑
卯
持勢
戌
無
禮
寅
丑
子
亥
自刑

應用舉例：

地支相刑之應用：

例如擇日之日課中，宅坐「子」山，則不用「卯」之年、月、日、時。

(八)其他：凡是需要用到「地支掌訣」來推算的吉凶剋應事象，讀者的可類推比照，自行創造發明，甚為便利。

三、納音掌訣

納音掌訣是用來推算「六十甲子」中的各干支所屬的五行，運用的機會和範圍甚廣。通常在通書上可見到如下的一個「納音五行」表：

納音五行

○甲子乙丑海中金	○丙寅丁卯爐中火	戊辰己巳大林木	○庚午辛未路傍土	○壬申癸酉劍鋒金
○甲戌乙亥山頭火	○丙子丁丑澗下水	戊寅己卯城頭土	○庚辰辛巳白蠟金	○壬午癸未楊柳木
○甲申乙酉井泉水	○丙戌丁亥屋上土	成子己丑霹靂火	○庚寅辛卯松柏木	○壬辰癸巳長流水
○甲午乙未砂石金	○丙申丁酉山下火	戊戌己亥平地木	○庚子辛丑壁上土	○壬寅癸卯金箔金
○甲辰乙巳覆燈火	○丙午丁未天河水	戊申己酉大驛土	○庚戌辛亥釵釧金	○壬子癸丑桑柘木
○甲寅乙卯大溪水	○丙辰丁巳砂中土	戊午己未天上火	○庚申辛酉石榴木	○壬戌癸亥大海水

要想熟記這張表，得花上一些工夫，若懶得背熟它，又無通書可翻畫時，則用掌訣是最好的辨法，茲分別介紹三種掌訣，供讀者參考練習：

例掌(一)：金水火土木單三掌訣

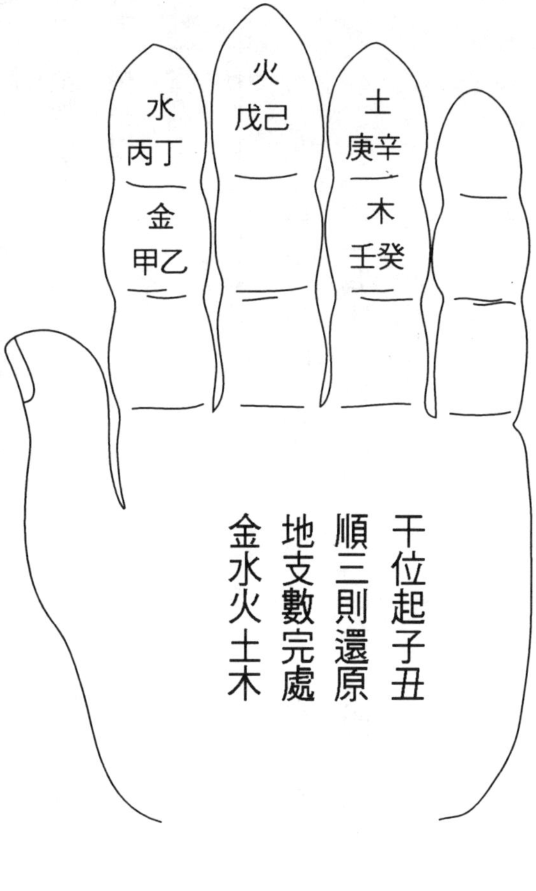

1.陽支為：子、寅、辰、午、申、戌之順序循環數。

陰支為：丑、卯、巳、未、酉、亥之順序循環數。

2.陽支時，以子起數，陰支時以丑起數，順時針數至第三個五行即回頭循環，至數到所要的地支為止，再看是何五行。故是單獨的三個一組做循環，稱「單三」。

3.練習實例：

㈠甲申：1.子甲金、2.寅丙水、3.辰戊火、4.午甲火、5.申丙水，以陽支在金、水、火三字上循環數到「申」為止，得知「甲申」屬水。其圖示如下：

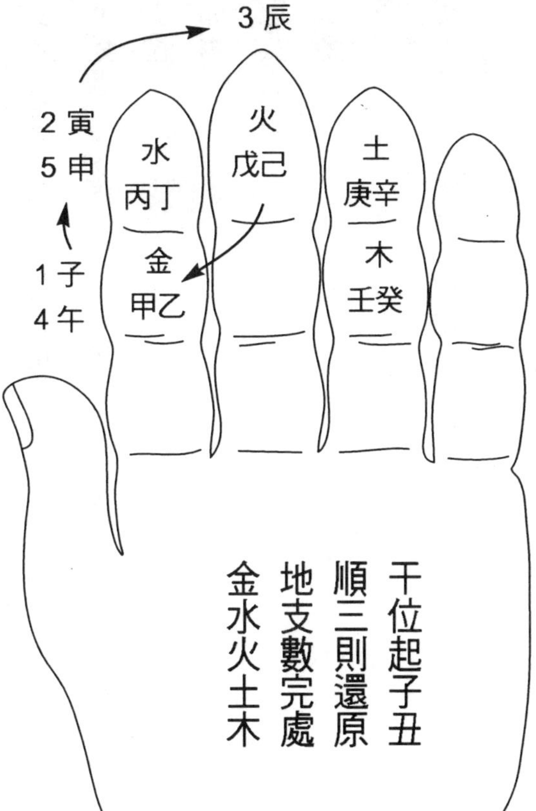
3 辰
2 寅
5 申
1 子
4 午
水
丙丁
金
甲乙
火
戊己
土
庚辛
木
壬癸
干位起子丑
順三則還原
地支數完處
金水火土木

㈡乙未：1.丑乙金、2.卯丁水、3.巳己火、4.未乙金。

故知「乙未」：屬金。

㈢較簡便的算法不分陰陽支，一節數兩支，即兩支一起數，只要看到任何干支，就從天干指節所在位置起數，順時針方向，每三節一個循環，直數到所要的地支處為止，再看其指是何五行。如前舉甲申之例：

1.子丑金

2.寅卯水

3.辰巳火

4.午未金

5.申酉水

同樣也可得知「甲申」的納音五行為「水」。

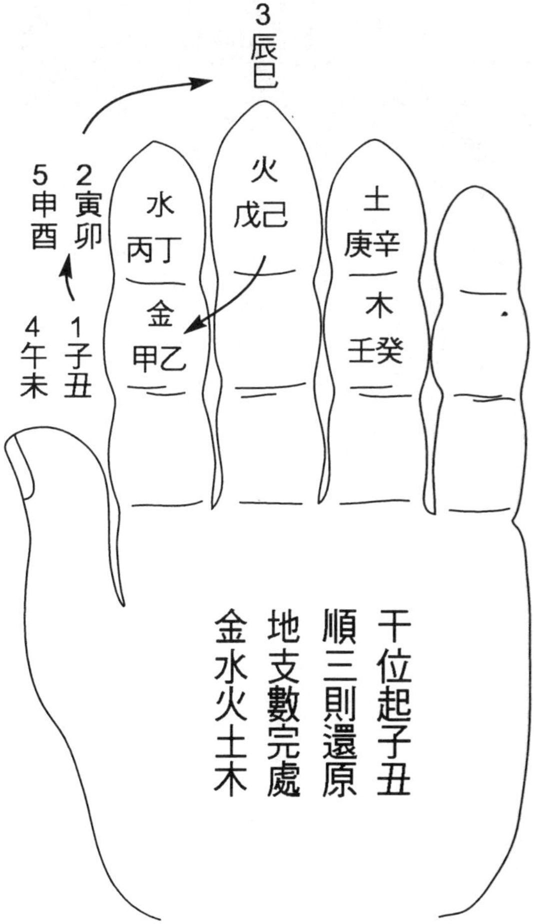
3
辰巳
5
申酉
2
寅卯
4
午未
1
子丑
水
丙丁
金
甲乙
火
戊己
土
庚辛
木
壬癸
干位起子丑
順三則還原
地支數完處
金水火土木

例掌㈡金水火土木順天干掌法

1.先看地支落在那個指節上，即由此順數天干，兩干一組，依甲乙、丙丁、戊己、庚辛之順序循環，數到所要的天干為止，再看所落指節所屬之「五行」。其掌圖如下：

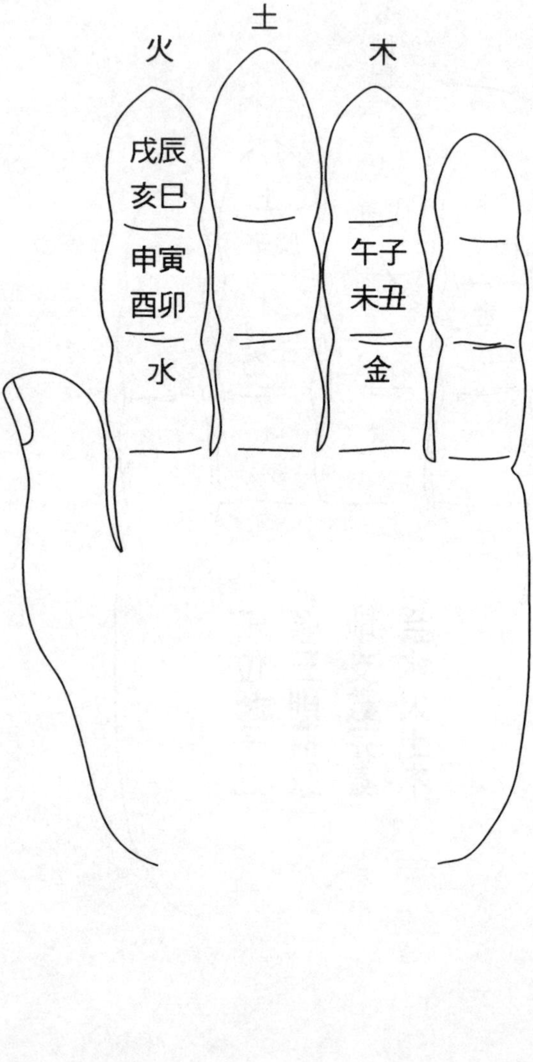

2.練習實例：

㈠癸卯：

卯在食指第二節位置，由此處數1.甲乙水，2.丙丁火，3.戊己土，4.庚辛木，5.壬「癸」金。則知「癸」干落在無名指二節處，屬「金」。

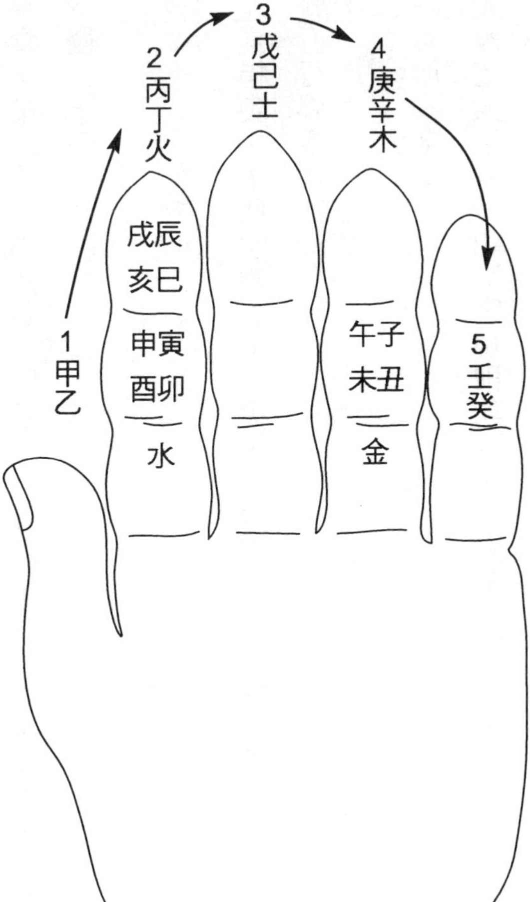

㈡戊申：

申在食指第二節，由此數1.甲乙水，2.丙丁火，3.戊己土，故得知戊申之納音五行屬「土」。

㈢庚辰：

辰在食指尖，由此順數1.甲乙火，2.丙丁土，3.戊己木，4.庚辛金。故知庚之納音五行屬金。

例掌㈢干支加減掌訣

1.先設定天干五行和數字規則如下，並附掌訣圖如下：

甲乙 1 木
丙丁 2 金
戊己 3 水
庚辛 4 火
壬癸 5 土

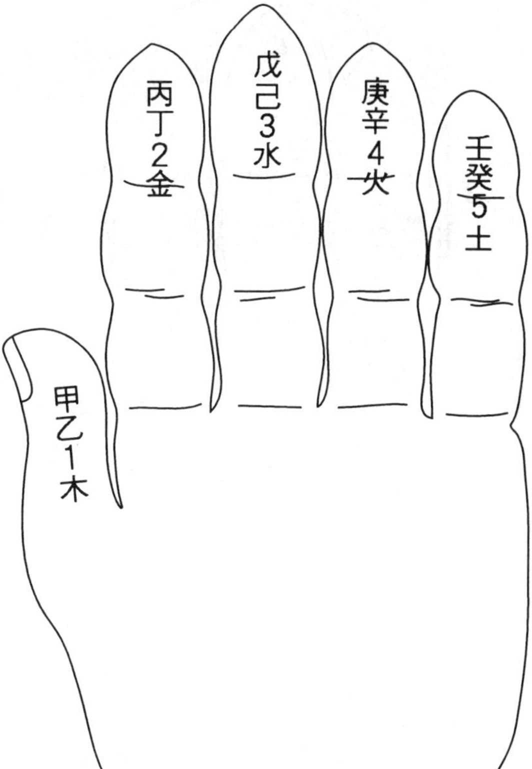
丙
丁
2
金
戊
己
3
水
庚
辛
4
火
壬
癸
5
土
甲
乙
1
木

2.再設定地支各組所屬數字規則如下：

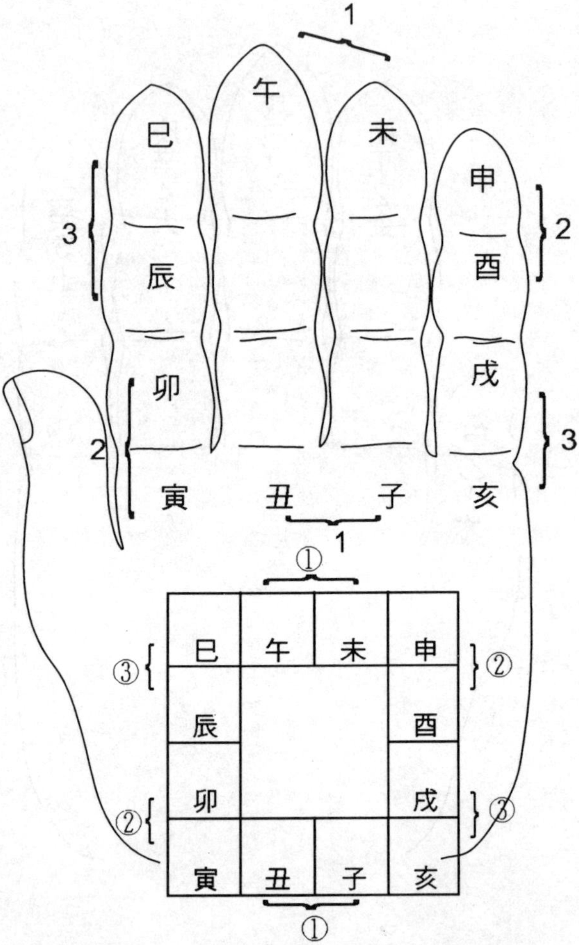

3.納音五行即以天干數加地支數，其和等於五，則屬「土」，其和大於五，則減去五後，看其差數以定「五行」例如：

(1)戊子：戊為3，子為1，3加1等於4，故戊子的納音五行屬「火」。

(2)戊申：戊為3，申為2，3加2等於5，故戊申的五行屬「土」。

(3)戊辰：戊為3，辰為3，3加3等於6，其和超過5，要先減去5，6減5得其差為1，故戊辰的五行屬「木」。其橫式如下：

戊3
+子1
4（火）

戊3
+申2
5（土）

戊3
+辰6
6
－5
1（木）

以上三種掌例都很好用，但看自己的選擇。

應用舉例：

1.在陰宅造葬方面，三元地理論定墓碑所向之分金，係依仙命(往生者)之納音五行的屬性而比對得來，即以仙命五行「我」，與坐山分金之五行為「他」，相互比對，定出下列五種「線」，來決定可不可用，其法如下：

生線：生我、可用。

旺線：同我比旺、可用。

洩線：我生、不可用。

煞線：剋我、不可用。

財線：我剋、可用。

例如：仙命五十五年次(丙午年)屬『水』為『我』，若坐甲山，則有兩個分金可供選擇：

(一)丙寅分金屬火、水剋火、我剋為財線可用。

(二)庚寅分金屬木、水生木、我生為洩線不可用。

2.在日常衣著方面：以個人之年命所屬之五行色彩為『我』，以其他五行所屬之顏色與『我』相比對，以確認個人在服飾方面之喜忌顏色，可得下表以供選購或穿著服飾之參考。平日多穿著個人所『喜』之顏色衣物，對個人之運勢亦或多或少，有所助益，如果閣下願意，可以依照下表所示顏色之喜忌來作個自我實驗。以驗證一下其準確度。年命五行喜忌顏色一覽表如後：

喜忌 / 顏色 / 年命五行	喜色			忌色	
	我剋財	同我旺	生我生	我生洩	剋我煞
木命	黃	青	黑	紅	白
火命	白	紅	青	黃	黑
土命	黑	黃	紅	白	青
金命	青	白	黃	黑	紅
水命	紅	黑	白	青	黃

例如民國九十年出生的人，年命『辛巳』屬『金』，宜穿青色、白色、黃色系列之服飾，忌穿黑色、紅色之服飾。

四、五遁掌訣

五遁掌訣又分為「五虎遁」和「五鼠遁」兩種。所謂「遁」就是隱藏遁跡的意思，因為紀年和紀月、紀日、紀時的遁環系統和規則不同，所以當要從已知的年柱干支來推求月柱的干支時，或當要從已知的日柱干支來推求時柱的干支時，因月和日的「支」是固定不變的，一月的「支」是從「寅」起頭，叫寅月，依次是二月稱卯月，三月為辰月，……十二月為丑月。而時「支」則是從「子時」開始，依次是丑時、寅時、……亥時等共十二個時辰。寅的生肖屬「虎」，所以其掌訣稱為「五虎遁」；子的生肖屬「鼠」，所以其掌訣稱為「五鼠遁」。茲分述如下：

㈠五虎遁：

是依據已知的「年干」，來推求該年份所有月份的「月干」之方法。其年干隱遁後取代的規律如下：

已知的年干 → 取代的月干

甲己 → 丙寅

乙庚 → 戊寅

丙辛 ——→ 庚寅

丁壬 ——→ 壬寅

戊癸 ——→ 甲寅

即逢「甲己」年，以「丙」干代甲、己而順次掐指推求；逢「乙庚」年，則以「戊」干代替乙，庚而順次推求；逢「丙辛」年，則以「庚」干代替丙、辛；逢「丁壬」年，則以「壬」干代替丁、壬去搭配；逢「戊癸」年，則以「甲」干來代替戊、癸去推求月干。其「心象記憶法」如下：

餅勿跟人呷（餅干不要跟人家一起吃，以免傳染病）

（丙戊庚壬甲）其五個字排開像張口的虎牙狀。

例如：

1.壬午年：年干為壬遁壬，故將「壬」自「寅」順推而得其年之一月為「壬寅」，二月為「癸卯」、三月為「甲辰」、四月為「乙巳」，五月為「丙午」，…

…十二月為「癸丑」。

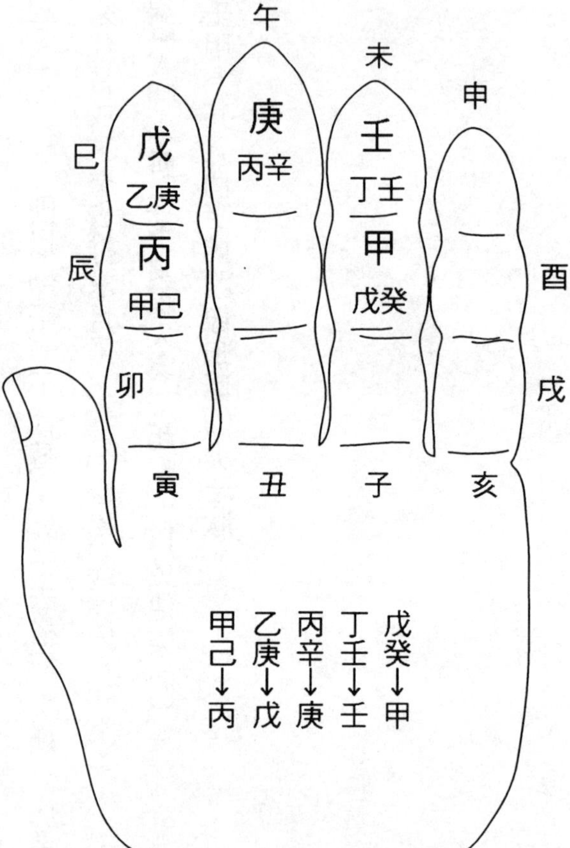

其掌訣圖示如下：

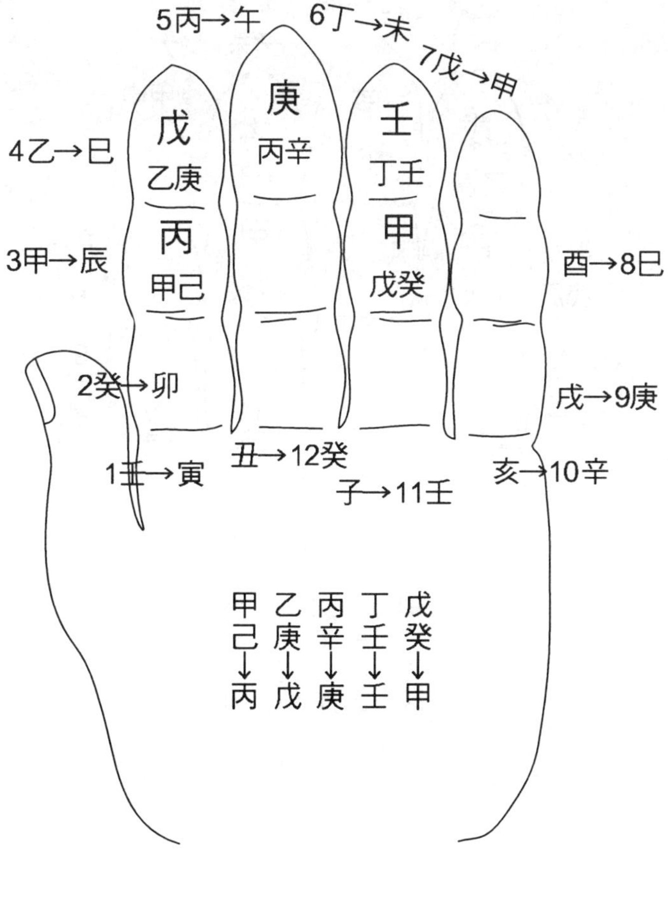
5丙→午
6丁→未
7戊→申
4乙→巳
戊
乙庚
丙
甲己
庚
丙辛
壬
丁壬
甲
戊癸
3甲→辰
酉→8巳
2癸→卯
戌→9庚
1壬→寅
丑→12癸
子→11壬
亥→10辛
甲己→丙
乙庚→戊
丙辛→庚
丁壬→壬
戊癸→甲

2.乙未年：年干為乙遁「戊」，所以把戊放在「寅」月處順推而得一月之干支為「戊寅」，二月為「己卯」，其圖示如下：

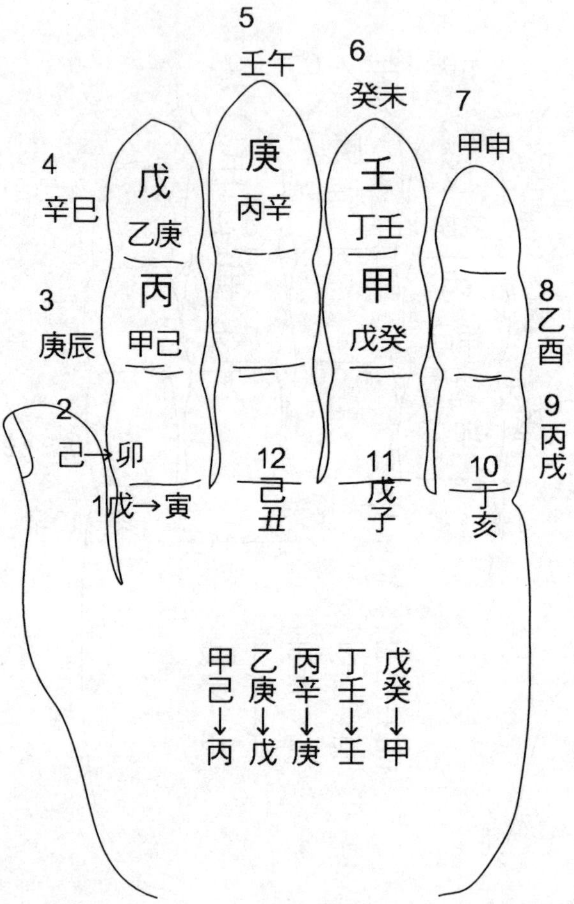

以上的示範，可在下面這張「五虎遁對照表」中查驗而得，讀者可藉以對照練習。

五虎遁對照表

年／月	甲己	乙庚	丙辛	丁壬	戊癸
一寅	丙寅	戊寅	庚寅	壬寅	甲寅
二卯	丁卯	己卯	辛卯	癸卯	乙卯
三辰	戊辰	庚辰	壬辰	甲辰	丙辰
四巳	己巳	辛巳	癸巳	乙巳	丁巳
五午	庚午	壬午	甲午	丙午	戊午
六未	辛未	癸未	乙未	丁未	己未
七申	壬申	甲申	丙申	戊申	庚申
八酉	癸酉	乙酉	丁酉	己酉	辛酉
九戌	甲戌	丙戌	戊戌	庚戌	壬戌
十亥	乙亥	丁亥	己亥	辛亥	癸亥
十一子	丙子	戊子	庚子	壬子	甲子
十二丑	丁丑	己丑	辛丑	癸丑	乙丑

㈡五鼠遁：

是依據已知的「日干」來推求該日的所有時辰之「時干」的方法，其日干隱遁後取代的規律如下：

已知的日干→取代的時干

甲己→甲子

乙庚→丙子

丙辛→戊子

丁壬──→庚子
戊癸──→壬子

亦即遁「甲、己」之日，遁時干要用「甲」來遁；「乙、庚」日，要以「丙」來遁代；遁「丙、辛」日要以「戊」來取代；遁「丁、壬」日，則以「庚」來遁出時干；遁「戊、癸」日，要以「壬」取代，推求出該日的時干。

其「心象記憶法」如下：

家貧無跟人（家貧窮無跟蹤的人，不會被搶劫）

（甲丙戊庚壬）其五個字排起來像隻有尾巴的老鼠。其掌訣圖與五虎遁稍有不同，但道理一樣，為免初學流於混淆，故作此改變，若自信不致搞混，則亦可延用前圖推求順序，只是把口訣更動一下即可。

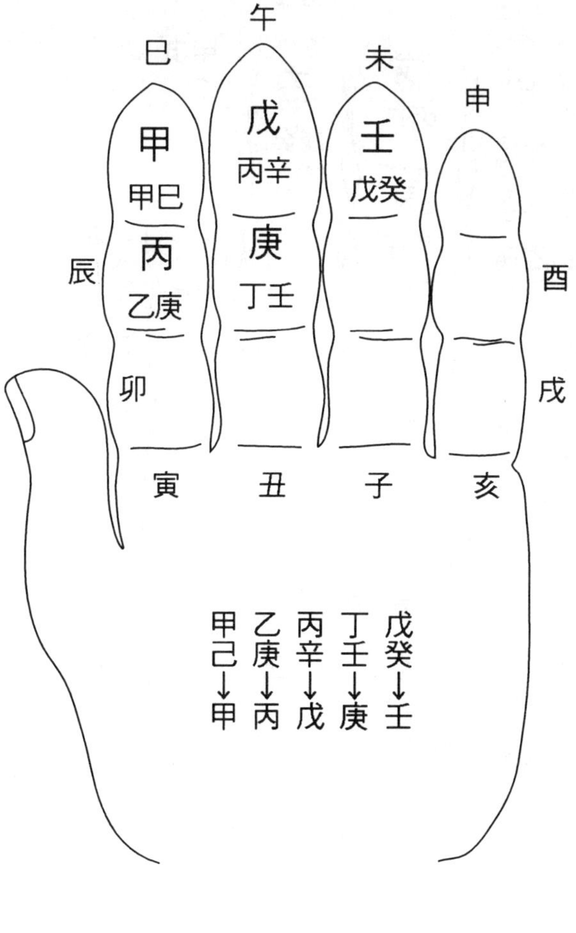
午
巳
未
申
戊
丙辛
庚
丁壬
甲
甲巳
丙
乙庚
壬
戊癸
辰
酉
卯
戌
寅
丑
子
亥
甲己↓甲
乙庚↓丙
丙辛↓戊
丁壬↓庚
戊癸↓壬

例如：

1.庚寅日：日干為「庚」遁「丙」，故以「丙」放在「子時順推，得知「丑」時為「丁丑」，依次為：戊寅、己卯、庚辰、辛巳、壬午、癸未，……。

其圖示如下：

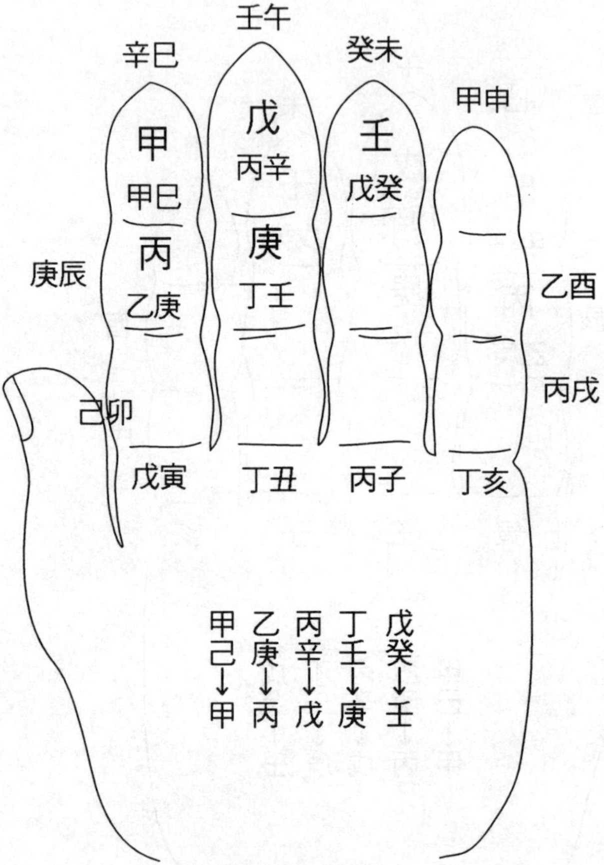

2.戊申日：日干為「戊」，戊遁「壬」，故以「壬」放在「子」上順推。其圖示如下：

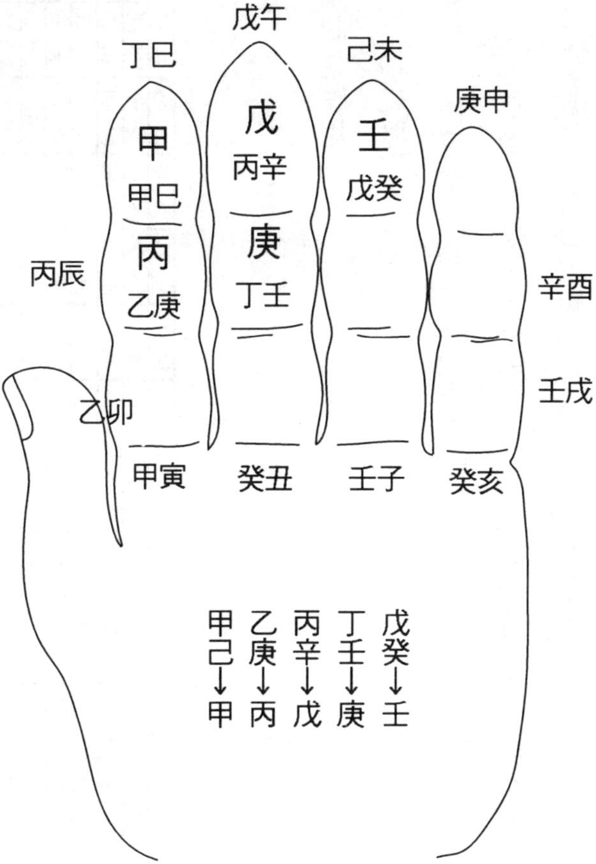

其五鼠遁之對照表如下：

時	日 甲己	乙庚	丙辛	丁壬	戊癸
子 23~凌晨	甲子	丙子	戊子	庚子	壬子
丑 1~3	乙丑	丁丑	己丑	辛卯	癸丑
寅 3~5	丙寅	戊寅	庚寅	壬寅	甲寅
卯 5~7	丁卯	己卯	辛卯	癸卯	乙卯
辰 7~9	戊辰	庚辰	壬辰	甲辰	丙辰
巳 9~11	己巳	辛巳	癸巳	乙巳	丁巳
午 11~13	庚午	壬午	甲午	丙午	戊午
未 13~15	辛未	癸未	乙未	丁未	己未
申 15~17	壬申	甲申	丙申	戊申	庚申
酉 17~19	癸酉	乙酉	丁酉	己酉	辛酉
戌 19~21	甲戌	丙戌	戊戌	庚戌	壬戌
亥 21~23	乙亥	丁亥	己亥	辛亥	癸亥

應用舉例：

五遁掌訣之應用

例㈠五虎遁之應用

王先生的住家坐向為「丑山未向」，在右前方的「坤」卦之未坤山三山中，其坤山方向有壁刀煞沖宅門而入，這種現象可斷宅中婦女會有傷病，因坤卦屬「母」（女性），坤卦又屬腹部的毛病，如胃腸消化系統，及子宮等生殖系統之毛病，其嚴重者有開刀之現象。亦可斷宅中生肖屬羊（未）的人，及申子辰生肖者不利。但究竟何時發凶，則要看太歲年何時臨到坤方。此例係於「壬申」年木星太歲臨到「申」方民國81年（壬申）或93年（甲申）年均發凶，但究竟是壬申年的何月發凶，則用「五虎遁」來推算。「壬申」年干「壬」遁「壬」，所以用「壬」代一月，在寅上掐指順數天干：

寅卯辰巳午未申酉戌亥子
→→→→→→→→→→→
壬癸甲乙丙丁戊己庚辛壬

故得知為「壬申」年的十一月發凶。

其掌訣如下：

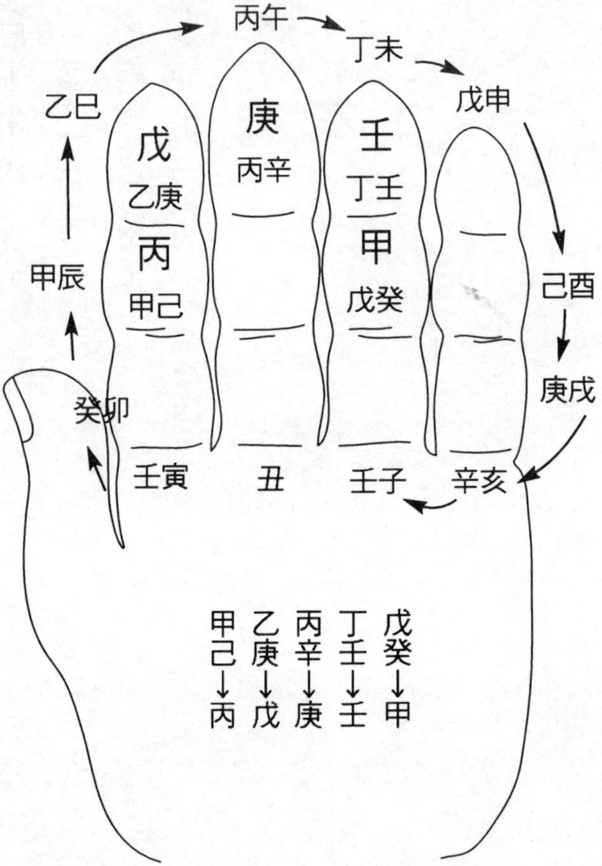
丙午
丁未
戊申
乙巳
庚
戊
壬
丙辛
乙庚
丁壬
丙
甲
甲辰
甲己
戊癸
己酉
庚戌
癸卯
壬寅
丑
壬子
辛亥
甲己↓丙
乙庚↓戊
丙辛↓庚
丁壬↓壬
戊癸↓甲

例㈡五鼠遁之應用

在排「八字」時，當已知某人的出生日干支為「庚午」日的「戌」時，而不知其「時干」者，要用日干的「庚」遁得「丙」，以「丙」代入「子時」順數至「戌」，則得「丙戌」。故可推定其出生時為「丙戌」時。其圖示如下：

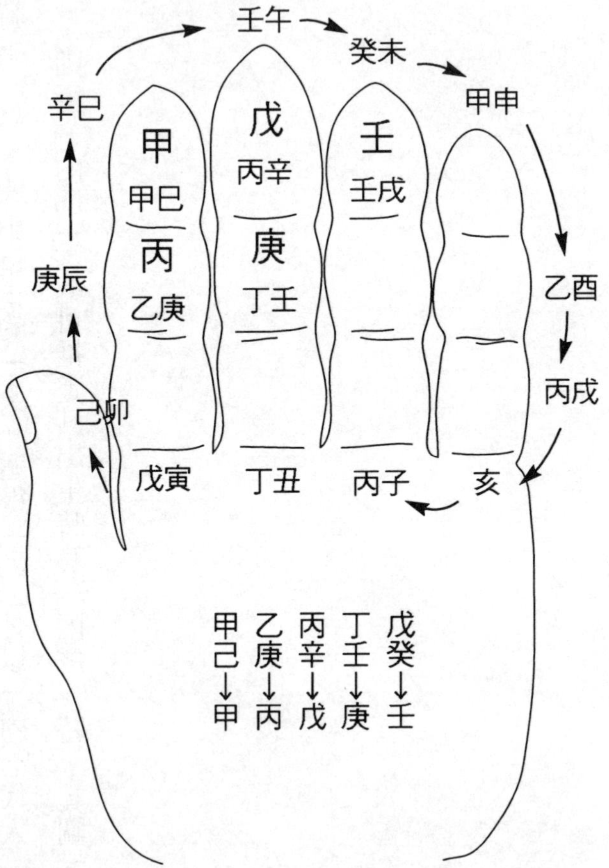
壬午
癸未
甲申
辛巳
甲
戊
壬
丙辛
甲巳
壬戌
丙
庚
庚辰
乙酉
乙庚
丁壬
丙戌
己卯
戊寅
丁丑
丙子
亥
甲己↓甲
乙庚↓丙
丙辛↓戊
丁壬↓庚
戊癸↓壬

五、由民國年次求干支掌訣

1.由前述掌圖可推知逢「三」之年，均為「甲年」。

2.在六十甲子年當中，逢「甲」干之年共有六次，其順序是自掌上無名指下方起逆數，每數十年得一地支，即為子→戌→申→午→辰→寅。

故甲子年為13、73相差六十年。

甲戌年為23、83相差六十年。

甲申年為33、93相差六十年。

甲午年為43、103相差六十年。

甲辰年為53、113相差六十年。

甲寅年為3、63相差六十年。

其掌圖如下：

應用舉例：

求民國六十六年干支：

已知民國63年是「甲寅年」順上推去64乙卯↓65丙辰↓66丁巳。

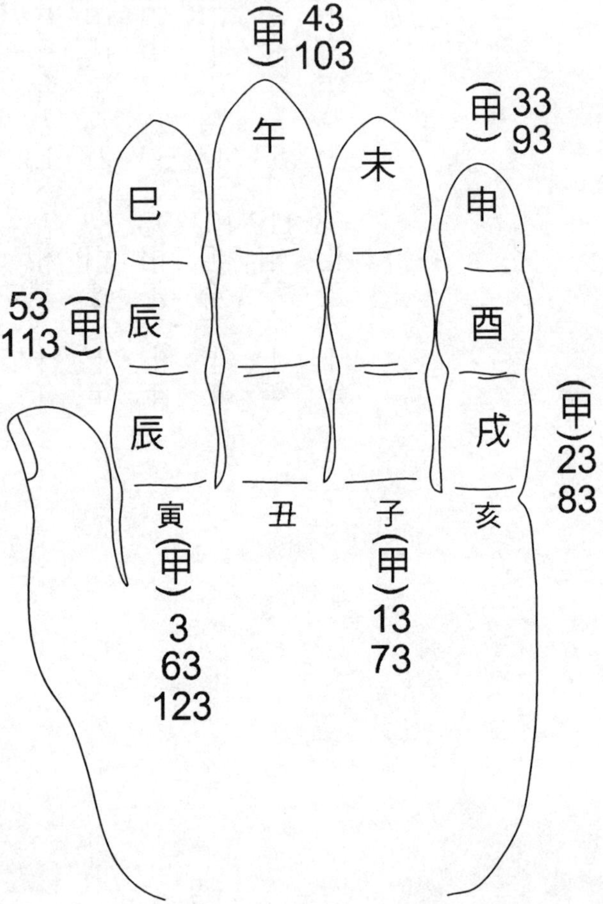

六、由民國年次求年干掌訣

1.民國元年的干為「壬子」，其年干為「壬」，所以要自「壬」的位置起算，其掌訣圖如下：

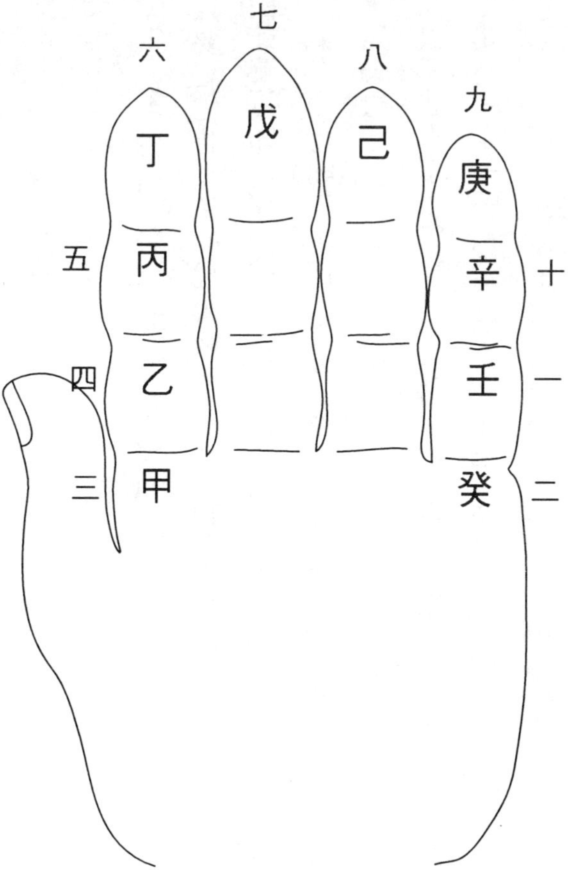

2.由上圖各指節的代表數字可看出，凡民國年次逢「一」的年干都是「壬」年，例如：

壬年：1　11　21　31　41　51　61　71　81　91

癸年：2　12　22　32　42　52　62　72　82　92

甲年：3　13　23　33　43　53　63　73　83　93

只要記住各天干的代表數字，及在指節上的固定位置，就很容易推求而得。由前圖可知，逢「四」之年干為「乙」，逢「五」之年干為「丙」，逢「六」之年干為「丁」，逢「七」之年干為「戊」，逢「八」之年干為「己」，逢「九」之年干為「庚」、逢「十」之年干為「辛」。

3.以掌訣推求出生年之干支時，則依順時針方向，旋轉掐指推算，例如民國十三年為「甲子」，則民國十四年為「乙丑」，民國十五年為「丙寅」，民國十六年為「丁卯」，依次推求。民國五十三年為「甲辰」。

4.要順推或逆推均可、隨個人喜好或習慣而定，只要記住甲干所在位置，即可伸出手掌，掐指一算，即得所要之干支。

民國年次干支對照表

巳	6丁 102癸	18己 114乙	30辛 126丁	42癸 138巳	54乙 150辛	66丁 162癸	78己 174乙	90辛 186丁	
午	7戊 103甲	19庚 115丙	31壬 127戊	43甲 139庚	55丙 151壬	67戊 163甲	79庚 175丙	91壬 187戊	
未	8己 104乙	20辛 116丁	32癸 128己	44乙 140辛	56丁 152癸	68己 164乙	80辛 176丁	92癸 188己	
申	9庚 105丙	21壬 117戊	33甲 129庚	45丙 141壬	57戊 153甲	69庚 165丙	81壬 177戊	93甲 189庚	
辰	5丙 101壬	17戊 113甲	29庚 125丙	41壬 137戊	53甲 149庚	65丙 161壬	77戊 173甲	89庚 185丙	
酉	10辛 106丁	22癸 118巳	34乙 130辛	46丁 142癸	58己 154乙	70辛 166丁	82癸 178己	94乙 190辛	
卯	4乙 112癸	16丁 124乙	28己 136丁	40辛 148己	52癸 160辛	64乙 172癸	76丁 184乙	88己 196丁	100辛 208己
戌	11壬 107戊	23甲 119庚	35丙 131壬	47戊 143甲	59庚 155丙	71壬 167戊	83甲 179庚	95丙 191壬	
寅	3甲 111壬	15丙 123甲	27戊 135丙	39庚 147戊	51壬 159庚	63甲 171壬	75丙 183甲	87戊 195丙	99庚 207戊
丑	2癸 110辛	14乙 122癸	26丁 134乙	38己 146丁	50辛 158己	62癸 170辛	74乙 182癸	86丁 194乙	98己 206丁
子	1壬 109庚	13甲 121壬	25丙 133甲	37戊 145丙	49庚 157戊	61壬 169庚	73甲 181壬	85丙 194甲	97戊 205丙
亥	12癸 108己	24乙 120辛	36丁 132癸	48己 144乙	60辛 156丁	72癸 168己	84乙 180辛	96丁 192癸	

應用舉例：

㈠已知王先生的生年干支為「癸酉」年，求其為何年次？

1.由前述「由民國年干掌圖推知，「癸」干為逢「二」之年出生因民國元年為壬子年。自壬起「1」順數至酉年亦為民國22年。

2.由前述「由民國年次求干支」掌圖上顯示，民國13年為「甲子」年，順推至「癸酉」年為民國22年，或從掌上推知甲戌年為民國23年，由此逆推一年為22年「癸酉」年。相當簡便。其圖示如下：

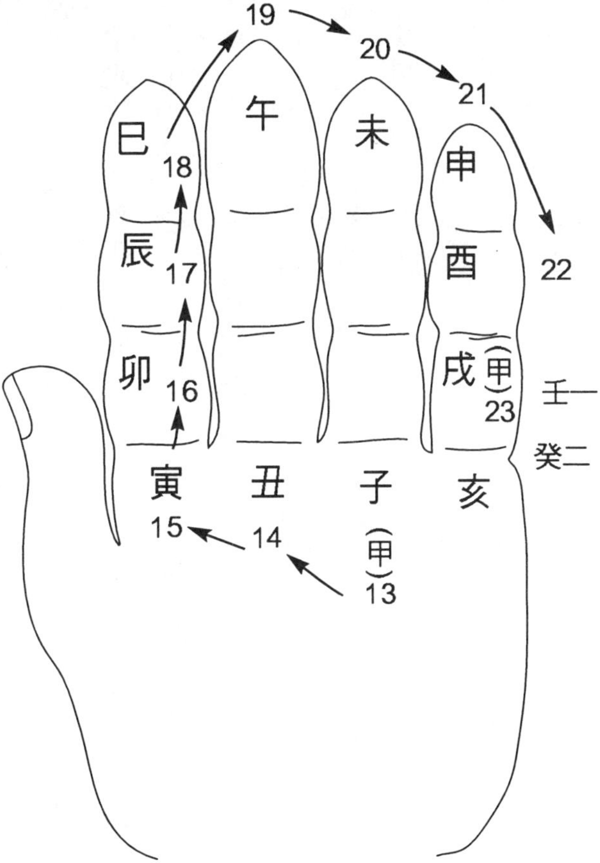
19
20
21
22
巳
18
午
未
申
辰
17
酉
卯
16
戌
(甲)
23
壬一
癸二
寅
丑
子
亥
15
14
(甲)
13

㈡已知李先生在壬午年為八十二歲，求其生年的干支？

1.由掌圖上中指尖第一節上取壬午年的「午」位，以其為李先生的一歲，再順至「申」位為其十一歲地支；再順推至「戌」位為其二十一歲地支，順推至「子」為其三十一歲地支，順推至「寅」為其四十一歲地支，順推至「辰」為其五十一歲地支，順推至「午」為其六十一歲地支，順推至「申」為七十一歲地支，順推至「戌」為八十一歲地支，其順位詳如下列：

午位1歲　申位11歲　戌位21歲　子位31歲　寅位41歲

辰位51歲　午位61歲　申位71歲　戌位81歲

2.82歲的位置要逆推一位天干，由「壬」干逆推求得「辛酉」，即是其出生年干支。其圖示如下：

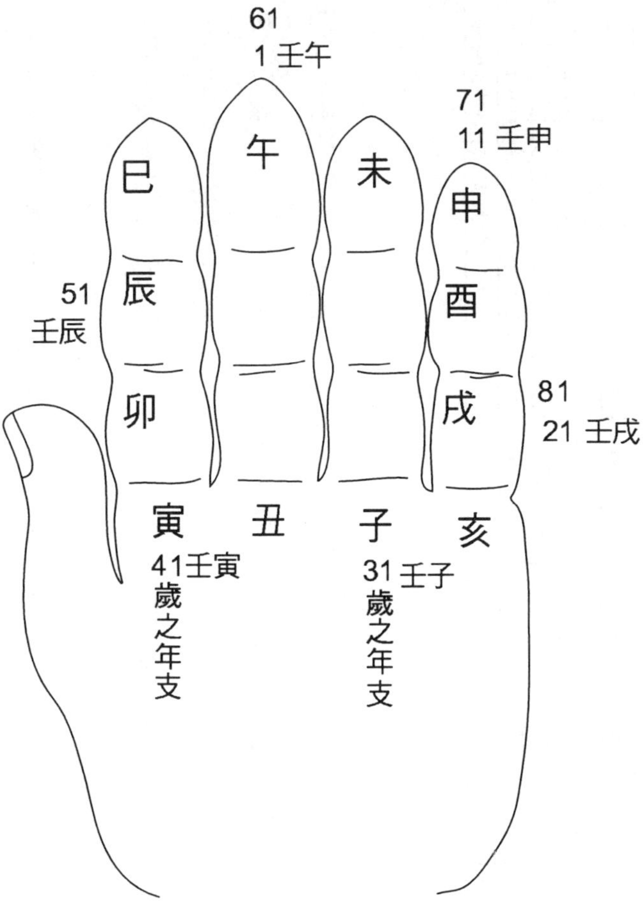
61
1 壬午
71
11 壬申
巳
午
未
申
51
壬辰
辰
酉
卯
戌
81
21 壬戌
寅
丑
子
亥
41壬寅
歲之年支
31 壬子
歲之年支

七、六甲旬空亡掌訣

1. 所謂「旬」就是每十天之意，每月的三十天則有上旬、中旬、下旬之分。六甲旬是以十個天干分別統領各地支而排列組合成「六十甲子」。

2. 從甲子、乙丑、丙寅、……一直排到癸酉第十干後，剩下兩個「地支」沒得「天干」補位，成了空缺，所以甲子旬下的「戌」和「亥」成了空缺，號稱「空亡」。不在甲子旬所統轄之下。

3. 甲子旬就以「甲子」為「旬首」，甲寅旬就以「甲寅」稱「旬首」。而「符首」就是奇門遁甲中所稱的「六儀」，即戊、己、庚、辛、壬、癸是也。茲分別列表如下：

六十甲子各旬空亡、符首表

											空亡	符首
甲子旬	甲子	乙丑	丙寅	丁卯	戊辰	己巳	庚午	辛未	壬申	癸酉	戌亥	戊
甲寅旬	甲寅	乙卯	丙辰	丁巳	戊午	己未	庚申	辛酉	壬戌	癸亥	子丑	己
甲辰旬	甲辰	乙巳	丙午	丁未	戊申	己酉	庚戌	辛亥	壬子	癸丑	寅卯	庚
甲午旬	甲午	乙未	丙申	丁酉	戊戌	己亥	庚子	辛丑	壬寅	癸卯	辰巳	辛
甲申旬	甲申	乙酉	丙戌	丁亥	戊子	己丑	庚寅	辛卯	壬辰	癸巳	午未	壬
甲戌旬	甲戌	乙亥	丙子	丁丑	戊寅	己卯	庚辰	辛巳	壬午	癸未	申酉	癸

六十甲子空亡

甲子旬↓戌亥為空亡。　甲午旬↓辰巳為空亡。

甲寅旬↓子丑為空亡。　甲申旬↓午未為空亡。

甲辰旬↓寅卯為空亡。　甲戌旬↓申酉為空亡。

4.要推求某干支的「旬首」，即屬於「六甲旬」的何「旬」，其方法就是把「地支」所在指節位置找出，用「甲」干自此逆時針方向推算，至所要找的「天干」，即得出「旬首」是「甲?旬」。再進二位，就是空亡支。

例如：求「庚寅」的旬首，即如掌圖所示，自「寅」支的位置（食指下方）逆數「天干」：

甲寅、乙丑、丙子、丁亥、戊戌、己酉、庚申為止，得知是「甲申旬」。

由「申」再前進兩位的「未」和「午」就是其「空亡」位置。

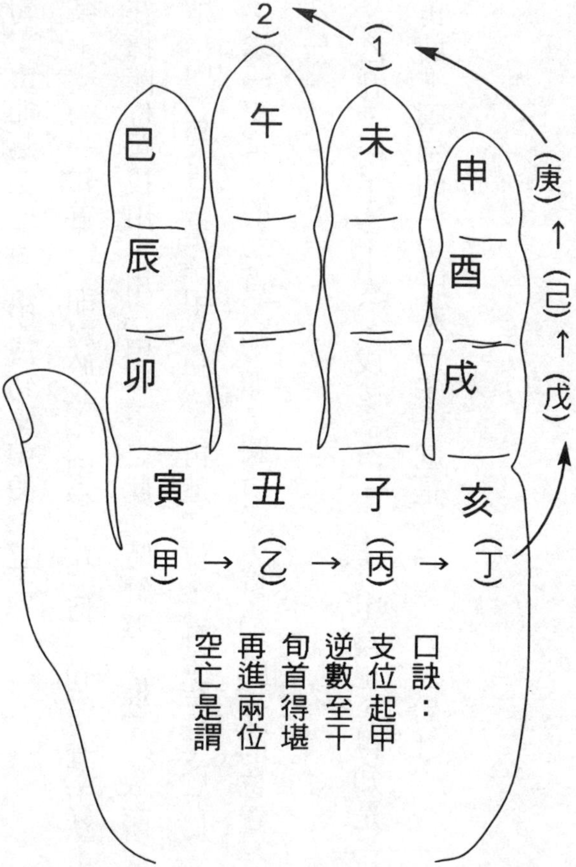

2
1
巳 午 未 申
辰 酉
卯 戌
寅 丑 子 亥
(甲) → (乙) → (丙) → (丁)
(戊) ↑ (己) ↑ (庚)
口訣：
支位起甲
逆數至干
旬首得堪
再進兩位
空亡是謂

應用舉例：

例㈠：排「奇門遁甲」的時盤之際，要先查明「時辰」的「旬首」和「符首」，例如排陽二局乙庚日戊寅時的「時盤」，其方法如下：

1.陽二局要以「坤宮」起布地盤，故將「戊」布入坤宮，其餘「五」儀分別順飛布入各宮，

其圖示如下：

陽二局乙庚日戊寅時盤

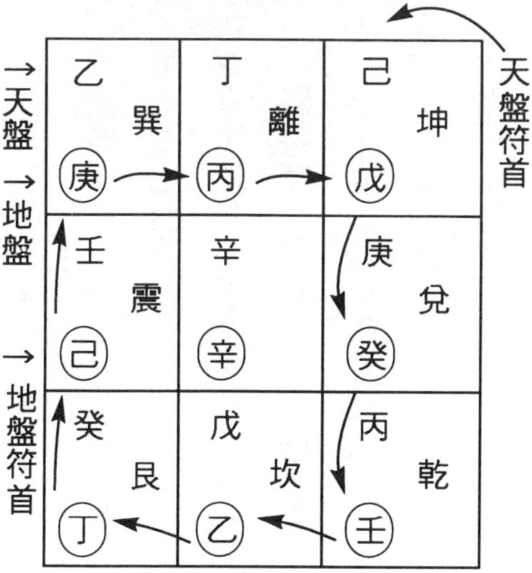

2.地盤完成後，開始排天盤。戊寅時屬「甲戌旬」，符首為「己」，故要把「己」布在時干「戊」字上面，完成天盤第一個字。

3.由前圖可看出陽二局的時干「戊」字在坤宮，故要將符首「己」布在坤宮「戊」字的上面後，再來看地盤符首「己」字是在震宮，而地盤的「庚」字在巽宮，「丙」字在離宮，依次循環呈順時針方向分布。所以天盤也依樣畫葫蘆，做循環式排布，將「庚」字布入兌宮的「癸」字上面（天盤），將「丙」字布在乾宮的「壬」字上面，依此順序布入震「戊」入坎宮，布「癸」入艮宮，布「壬」宮入震宮，布「乙」入巽宮，布「丁」入離宮，如是完成陽二局天盤「六儀」之排布。由是可看出，天盤六儀的布法和地盤六儀的布法不同，地盤是照著九宮飛星法排布，而天盤則是順時針方向繞一圈。

例(二)：在八字論命時，凡四柱遇「空亡」，則吉象不吉，凶象滅凶。因為「空亡」的意思就是「諸象成空」，虛無消散之象。皆依日柱（日主、日元）來推定之。例如日主屬「甲子旬」中之干支者，若於年柱、月柱、時柱見「戌亥」，就叫做逢「空亡」。

此外尚有所謂「四大空亡」，就是指其「旬」中有「五行不全」之現象者，因六甲旬中，甲子旬和甲午旬中納音五行無「水」，甲寅旬和甲申旬中納音五行無「金」，故號稱「四大空亡」，例如年柱屬「甲子旬」中干支，而日柱值納音之「水」，即「餘支有水」者，為「夭折」短命之象。壹中子云：「須回夭折，只因四大空亡。」

例㈢：在「紫微斗數」論命中，有空亡之論法，奇準無此，凡空亡在財帛宮者，早年難發福，三十五歲以後漸發，空亡在疾厄宮者，其人一生無大病，因疾厄成空故也。空之在父母宮者，其父母對之無助力。

八、排山掌訣

「排山掌」的圖形內容，就是將易經「八卦」卦象所代表的八個字，分成兩排，依「九星」所屬的卦象順序，自食指下端起始，順次排列於指節上。中指因代表九星飛布的「中宮」，故無字，其餘八卦又代表坐山，一卦管三個山。在式形上看，因其是從「寅」位排起，一直排到「戌」位，不用「亥、子、丑」位；以利「三元」九運的推算，只用到三根指頭，有如「山」字聳立。至於「九星」所主之卦象及名稱，分舉如下：

一白坎水貪狼星。
二黑坤土巨門星（病符星）
三碧震木蚩尤星
四綠巽木文曲星
五黃中土廉貞星（關煞方）
六白乾金武曲星
七赤兌金破軍星
八白艮土左輔星（財帛星）
九紫離火右弼星

排山掌的應用甚廣，諸如推算三元九運入中宮之飛星、干支、推求男、女所屬之命卦，以及合婚，造葬擇日上均有許多掌訣，甚至用熟以後，讀者亦可自行設定。茲舉述如下：

一、求紫白飛星入中宮之年白飛星法

例如民國九十二年歲次癸未年，屬「下元」七運（民國73年至92年止）要在七赤「兌」宮起「甲子」、然後逆時針方向推算「乙丑」在乾（無名指尖），「丙寅」在中指尖，「丁卯」在巽，……「癸未」年落在乾宮。如此一圈圈循環看掐指而數，直數到所要的歲次干支所在的宮位為止。因此，在數之前，先要把六十甲子干支順序讀熟。其圖示如下：

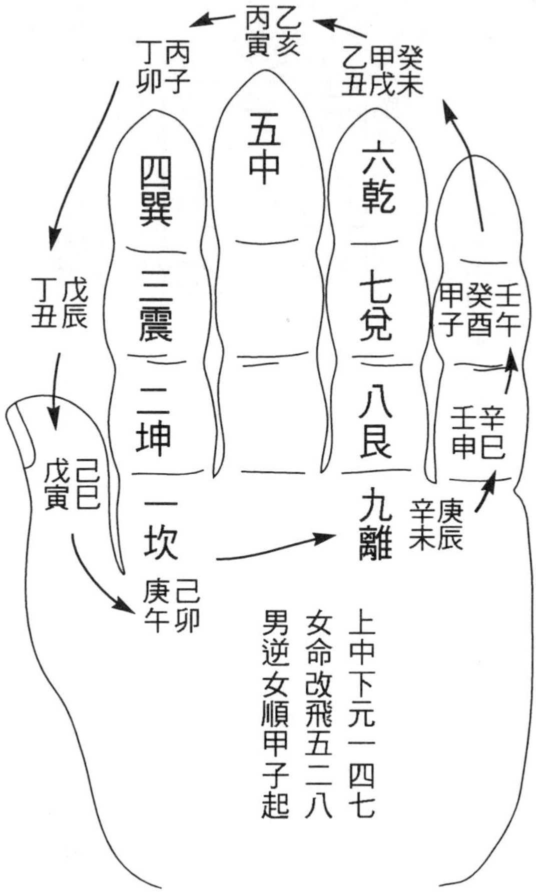

由掌訣掐數的結果，知到「癸未」年在「乾宮」，而其在九星中屬於「六白乾金」武曲星。

所以民國九十二年的年白飛星圖是要以「六」入中宮飛布完成，其圖如下：

巽宮

五	一	三
四	六	八
九	二	七

由上圖可知，九十二年的年「五黃」在「巽」宮，即東南方。

應用舉例：

例(一)：1.三元九運中，宅運之確認，要依其轉換點而明辨該宅所屬之元運已轉換，即該宅究為何年元運，依紫白飛星派論法，宅運之轉換係以農曆「小寒」為交換點。古人有言「天開於子（冬至），地闢於丑（小寒），人生於寅（立春）」宅運屬地，故以丑月小寒開始分界論運。

而人之命卦求法，則以「立春」（寅月）為交換點，立春後就增加一歲，小寒過後，宅運就換下一年的。

2.年白飛星口訣：上元一白坎宮起，中元四綠中宮始，下元七赤逆行數，即上元甲子年自1逆數：1、9、8、7、6、5、4、3、2、至壬申年，中元自4起甲子，逆數：4、3、2、1、9、8、7、6、5、至壬申年，下元自7起甲子逆數：7、6、5、4、3、2、1、9、8、至壬申，由六十甲子之干支，求得飛泊年盤中宮之數字，然後填入，順飛九星。

例如民國八十七年為戊寅年，屬下元七運，二坤管局故以二黑飛入中宮，順飛九宮，則可得該年之飛星盤，茲將「年白飛星對照表」圖示如下，以便查對：

紫白流年（六十甲子）							上元	中元	下元
甲子	癸酉	壬午	辛卯	庚子	己酉	戊午	1	4	7
乙丑	甲戌	癸未	壬辰	辛丑	庚戌	己未	9	3	6
丙寅	乙亥	甲申	癸巳	壬寅	辛亥	庚申	8	2	5
丁卯	丙子	乙酉	甲午	癸卯	壬子	辛酉	7	1	4
戊辰	丁丑	丙戌	乙未	甲辰	癸丑	壬戌	6	9	3
己巳	戊寅	丁亥	丙申	乙巳	甲寅	癸亥	5	8	2
庚午	己卯	戊子	丁酉	丙午	乙卯		4	7	1
辛未	庚辰	己丑	戊戌	丁未	丙辰		3	6	9
壬申	辛巳	庚寅	己亥	戊申	丁巳		2	5	8

例㈡求女命「紫白飛星」之年白入中宮數字

又若宅主為女性，則上元運自五黃中宮起甲子，順時針方向推算其歲次干支，以求入中宮之飛星數字，中元運時以二坤宮起甲子，下元運以八艮宮起甲子，其法相同。不再贅言。

例㈢以排山掌求男女命卦之東西四卦

堪與學上的「八宅派」講求「宅命相配」的理論，將男女命卦統歸為「東四命卦」與「西四命卦」，凡屬「西四命」的人，則宜住「西四宅向」的方屋。至於何者為「東四命」？何者又是「西四命」？其卦象詳如下表：

東四命：震、巽、離、坎

西四命：兌、乾、坤、艮

本命卦象表

命卦		東四命卦				西四命卦			
門	吉凶／本命	震	巽	離	坎	兌	乾	坤	艮
生	生氣	離	坎	震	巽	乾	兌	艮	坤
休	天醫	坎	離	巽	震	坤	艮	兌	乾
開	延年	巽	震	坎	離	艮	坤	乾	兌
景	伏位	震	巽	離	坎	兌	乾	坤	艮
傷	絕命	兌	艮	乾	坤	震	離	坎	巽
驚	五鬼	乾	坤	兌	艮	離	震	巽	坎
死	六煞	艮	兌	坤	乾	巽	坎	離	震
杜	禍害	坤	乾	艮	兌	坎	巽	震	離

以上的「本命卦象表」是男女通用的，

其本命的吉凶，是依「翻卦掌訣」將本命卦逐一變卦易爻而求得。吉凶順序也是依其強度，先後順次排列，以便於讀者查考比對應用。

其所列之「門」，即是「奇門遁甲」所用的「八門」，乃是有一派學者，假借其「八門」的用語，來代表「八宅明鏡」（八宅派）中所用的「遊年星名」。

求男女命卦的規則如下：

㈠以出生年次的兩位數相加之和為依據，以加得之數字在掌上推算，男命自「兌宮」逆時針方向推求；女命則由「艮宮」順時針方向推算，具連本宮之數在內，數盡即得。

㈡若數字最後落在「中宮」（中指），則男為「坤卦」，

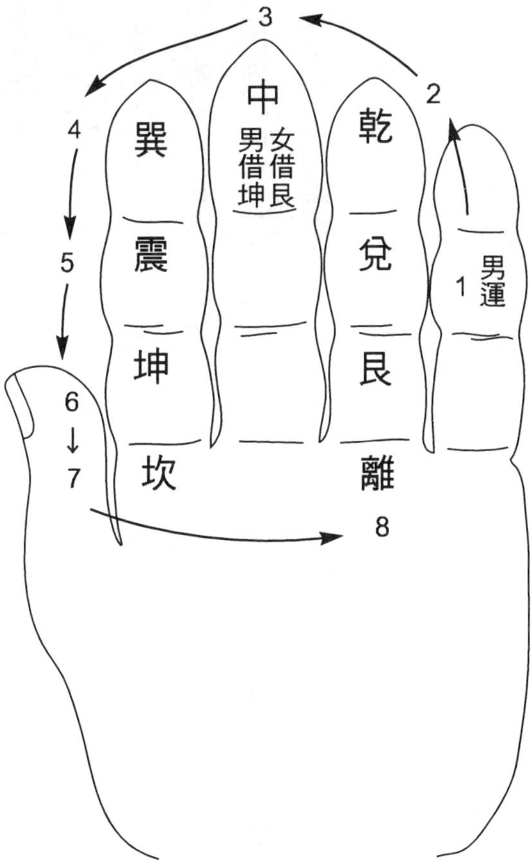
3
2
4
巽
中
男借坤
女借艮
乾
5
震
兌
1
男運
坤
艮
6
↓
7
坎
離
8

女論「艮卦」。例如

㈠男，民國35年生，三加五等於八，自兌逆推，兌1、乾2、中3、巽4、震5、坤6、坎7、離8、故知其為「離卦」，屬「東四命卦」

㈡女、民國34年生，三加四等於七，自艮順推，艮1離2、坎3、坤4、震5、巽6、中7、中女借艮，故知其為「艮卦」屬「西四命卦」。其圖示如後；

艮命若住到「坎宅」，係坐到「五鬼」為中凶，若又開到「巽門」，則是「絕命」大凶之門，均論不吉。

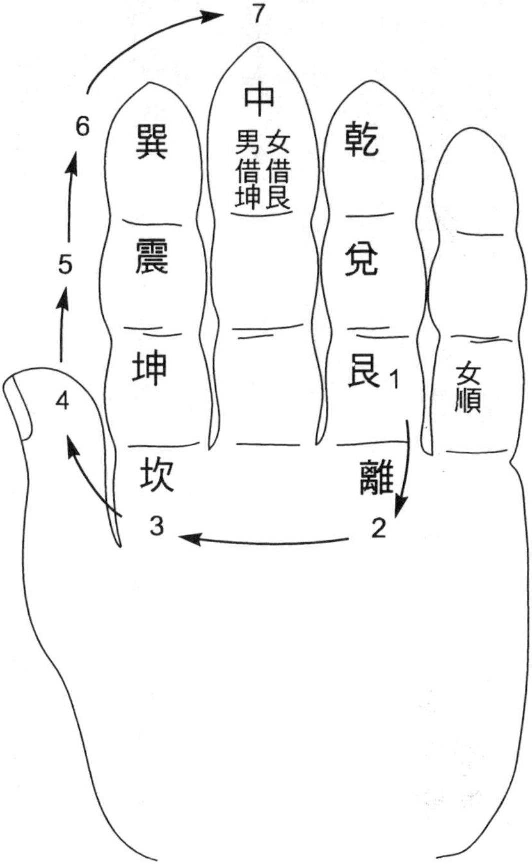
7
中
巽
男借坤
女借艮
乾
6
5
震
兌
坤
艮
1
女順
4
坎
離
3
2

九、翻卦掌訣

「翻卦」就是將卦爻反轉變動，使成另一卦象，以論定其變卦後之吉凶。翻卦論吉凶之規則係以「八宅周書」的「大遊年法」為主。八宅周書即「八宅明鏡」，「遊」即變換不定之意，「年」即指年命卦象。茲將其翻卦之規則述於下：

凡一個卦有三爻，即上爻、中爻、下爻。其翻轉變動後，所產生的吉凶，可分八種：

1. 最吉：上爻變，名為生氣、貪狼。
2. 上吉：中下變，名為天醫、巨門。
3. 中吉：全爻變，名為延年、武曲。（三爻均翻轉）
4. 小吉：全不變，名為伏位、輔弼。
5. 最凶：中爻變，名為絕命、破軍。
6. 大凶：上中變，名為五鬼、廉貞。
7. 中凶：上下變，名為六煞、文曲。
8. 小凶：下爻變，名為禍害、祿存。

例如：離卦為☲，依前述之規則翻爻變卦之結果，其顯示之四個吉方和四個凶方，詳情如下：

四吉方：震、巽、坎、離。

四凶方：乾、兌、坤、艮。

其過程分列如下：

1.生氣貪狼最吉（上爻變）☲→☳震（東方）。

2.天醫巨門上吉（中下變）☲→☴巽（東南方）。

3.延年武曲中吉（全變）☲→☵坎（北方）。

4.伏位輔弼小吉（不變）☲→☲離（南方）。

5.絕命破軍最凶（中爻變）☲→☰乾（西北方）。

6.五鬼廉貞大凶（上中變）☲→☱兌（西方）。

7.六煞文曲中凶（上下變）☲→☷坤（西南方）。

8.禍害祿存小凶（下爻變）☲→☶艮（東北方）。

由上可得知：離命之人，其四吉方，依次為：震、巽、坎、離

其四凶方，依次為：乾、兌、坤、艮

上述過程，若以「翻卦掌」訣來推算，則更為便捷，其法如下圖：

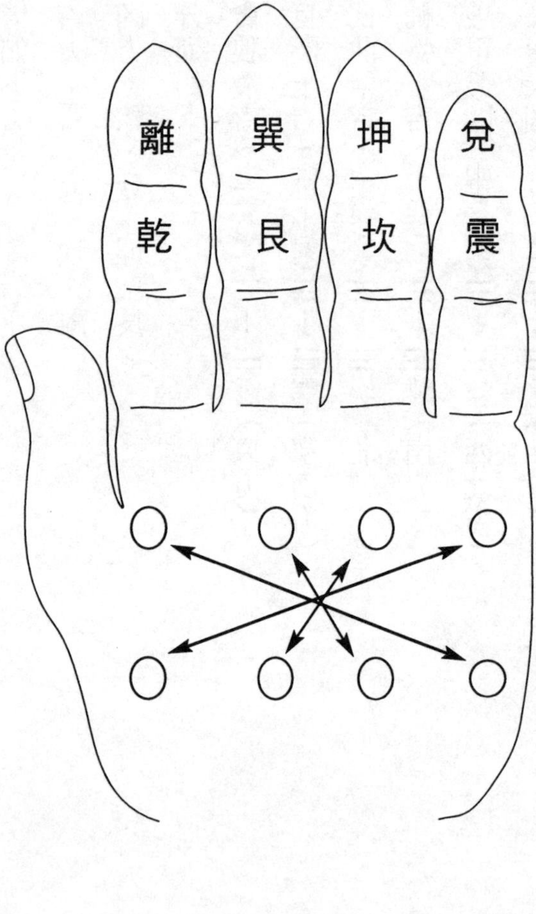

㈠自掌圖上命卦所在指節位置起推。

㈡推算之順序為：

一伏位、二生氣、三五鬼、四延年、五六煞、六禍害、七天醫、八絕命。

（口訣：伏，生、五、延、六、禍、天、絕）

㈢推算路線（方向）：

內小叉、外大叉。旁起旁止、中起中止。

內卦：巽坎艮坤四卦係以小交叉之路線起始推算。

外卦：離震乾兌四卦係以大交叉方式起始推求，

所以，內卦起始，一定是中起而中止，以完成推算，而外卦則必由旁起推演，而旁止結束。

㈣翻卦掌中各卦象位置之記憶法：

離巽坤兌（離開訓練基地、睏就對了、因為太累）

乾艮坎震（錢更看正確一點，以防假鈔）

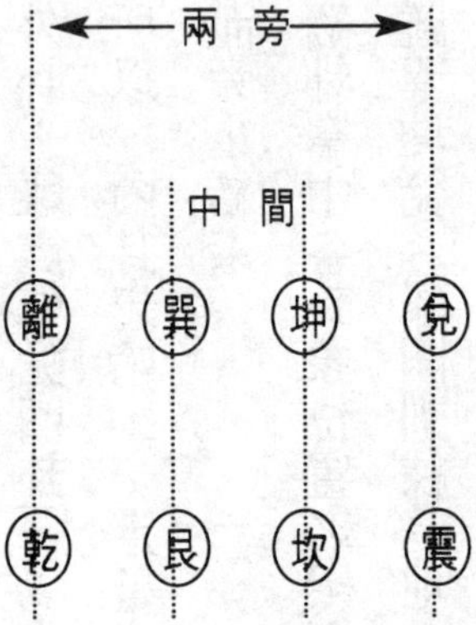

(假如命卦是"震卦"，行進圖如下：)

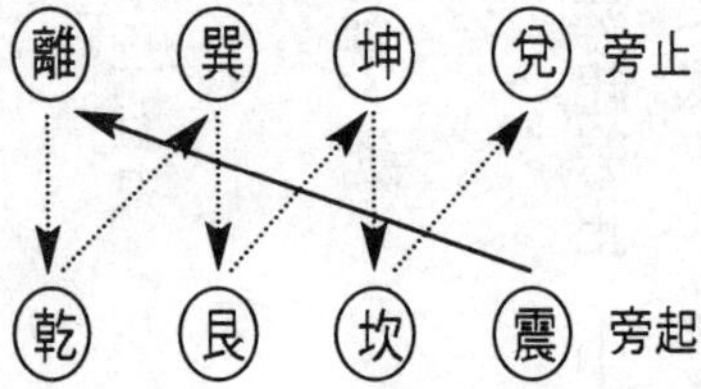

(假如命卦是"巽卦"，行進圖如下：)

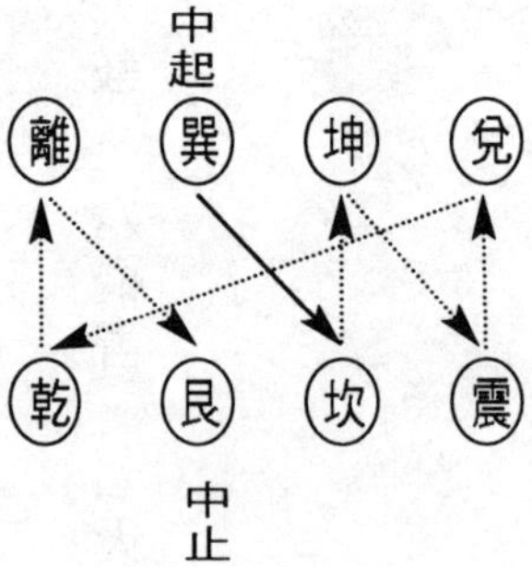

應用舉例：

　茲將其「翻卦掌」法，舉例圖示如下：

範例㈠命卦為「離」卦者，為旁起旁止，自圖上離卦的位置起數，依伏生五延六禍天絕之順序，以離為伏位，震為生氣，兌為五鬼，坎為延年，坤為六煞，艮為禍害，巽為天醫，乾為絕命，由是而推知宅卦之吉凶優先順序，以為陽宅驗斷或擇居之參考，其圖示如下：

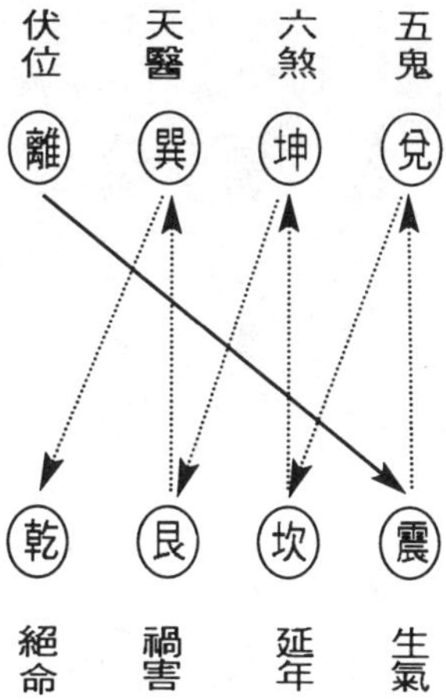

範例(二)命卦為「巽」卦者，為中起中止，自掌圖上巽卦的位置起數，依伏生五延六禍天絕之順序，以巽為伏位，坎為生氣，坤為五鬼，震為延年，兌為六煞，乾為禍害，離為天醫，艮為絕命由此而推算巽命之人，最吉與最凶之宅向，而知所趨避。

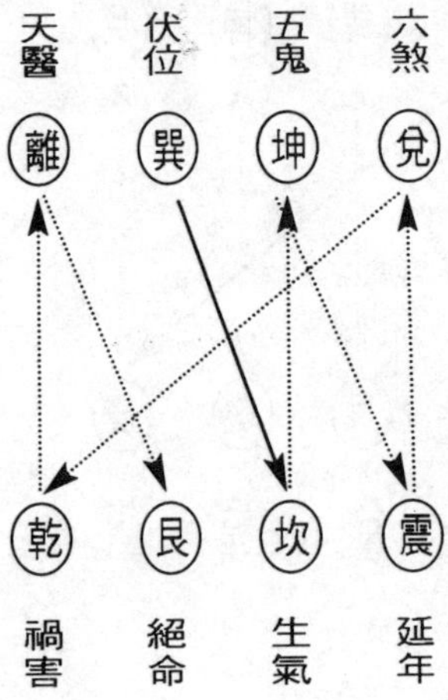

翻卦擇優之命卦象速查表：依前述「翻卦掌」法，可製成如下之「本命卦象」表，由表內可迅速查得所屬命卦之吉凶順序，甚為方便，(並附推卦表)：

本命卦象

命卦	門（吉凶／本命）	生（生氣）	休（天醫）	開（延年）	景（伏位）		傷（絕命）	驚（五鬼）	死（六煞）	杜（禍害）
東四命卦	震	離	坎	巽	震		兌	乾	艮	坤
	巽	坎	離	震	巽		艮	坤	兌	乾
	離	震	巽	坎	離		乾	兌	坤	艮
	坎	巽	震	離	坎		坤	艮	乾	兌
西四命卦	兌	乾	坤	艮	兌		震	離	巽	坎
	乾	兌	艮	坤	乾		離	震	坎	巽
	坤	艮	兌	乾	坤		坎	巽	離	震
	艮	坤	乾	兌	艮		巽	坎	震	離

推卦表

巽4	中5	乾6	男
震3	女借艮 男借坤	兌7	
坤2		艮8	女
坎1		離9	

範例㈢：九星出法斷穴前諸山之吉山用「翻卦掌訣」。

堪輿學「九星派」之「山法」係以向為主，不論坐山，以翻卦掌訣推斷前面所見到的山形之吉凶情形，若所得凶山太多，則不可造葬。茲將其法分述如下：

1.先看陰宅是坐何山，再以其坐山依「納甲歌」找出所納為何卦，以該卦象代入掌訣，推算至所見到的穴前之山。看屬凶星或吉星。藉以推斷其山之吉凶。

2.納甲歌如下：

乾納甲、坤納乙、艮納丙、兌納丁巳酉丑、震納庚亥未、巽納辛，離納壬寅午戌、坎納癸申子辰。

表列如下：

卦	天干	地（三合）支
乾	甲	
坤	乙	
艮	丙	
兌	丁	巳（酉）丑
震	庚	亥（卯）未
巽	辛	
離	壬	寅（午）戌
坎	癸	申（子）辰

上述表中陰陽八卦所納之山中，因為乾為天，乃陽卦之首，甲為陽天干之首，故以「納甲」為名，「納」為接受之意，其理源於月之盈虧現象、茲分別列述如下：

初三哉生明一陽生。◓象震　昏見於庚。故震納庚。

初八始生魄二陽生。◓象兌　昏見於丁。故兌納丁。

十五月全明三陽生。○象乾　旦見於甲。故乾納甲。

十六曉明虧一陰生。◓象巽　旦見於辛。故巽納辛。

廿三月明虧二陰生。◒象艮　日見於丙。故艮納丙。

廿八月曉明三陰生。●象坤　日見於乙。故坤納乙。

離卦為乾體而得坤之正氣，故離壬退居於乾而納己土。而坎為坤體而得之正氣，故坎癸乃居於坤而納戊土。故皆有一定之規律。

3.九星山法的飛星推算順序為：輔、貪、巨、祿、文、廉、武、破。

4.循行路線是：內小叉、外大叉。

5.四吉星：輔、貪、巨、武。四凶星：祿、文、廉、破。

6.茲以「壬山丙向」之陰宅為例。

其坐山為「壬」，納甲歌為「離納壬」、故自「離」起始，掐指推算。離卦在外旁，外大叉，故離「輔弼」↓震「貪狼」↓兌「巨門」↓坎「祿存」↓坤「文曲」↓艮「廉貞」↓巽「武曲」↓乾「破軍」、旁起旁止。其圖示如下：

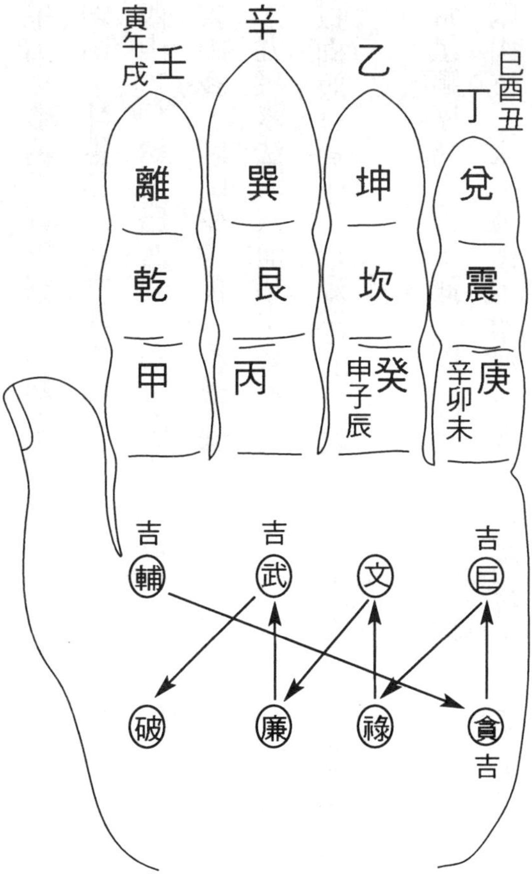
寅午戌
壬
辛
乙
丁
巳酉丑
離
巽
坤
兌
乾
艮
坎
震
甲
丙
癸
申子辰
庚
辛卯未
吉
輔
吉
武
文
吉
巨
破
廉
祿
貪
吉

由上圖可知，若此陰宅前方見到下列各方位有山形，則吉凶立判：

1.甲山：乾納甲，為破軍凶山。

2.巽山：巽納辛，為武曲中吉。

3.午山：離納壬寅午寅，為輔弼小吉。

4.坤山：坤納乙，為文曲中凶

5.酉山：兌納丁巳酉丑，為巨門次吉

結論：吉山多，凶山少，仍可考慮造葬。

範例㈣：九星水法斷穴前諸水之吉凶。

1.以向收外局水，以坐山收內庭水口、九天玄女水龍派則以坐山收內局水。

2.飛星順序為：輔、武、破、廉、貪、巨、祿、文。

3.兩山夾一水，飛象不過河（先在一邊循行，繞完再過界）。旁起旁止，中起中止。看天盤收水。

茲以「午山子向」之陰宅為例。

其坐山為「午」、納甲歌中、離納壬寅午戌，故要自「離外」起始，掐指推算，以收內庭水口水之吉凶。離卦在旁、飛象不過河，故自離「輔」↓乾「武」↓巽「破」↓艮「廉」↓坤「貪」↓坎「巨」↓兌「祿」↓震「文」為止。則水口在壬、癸均吉。其圖示如下：

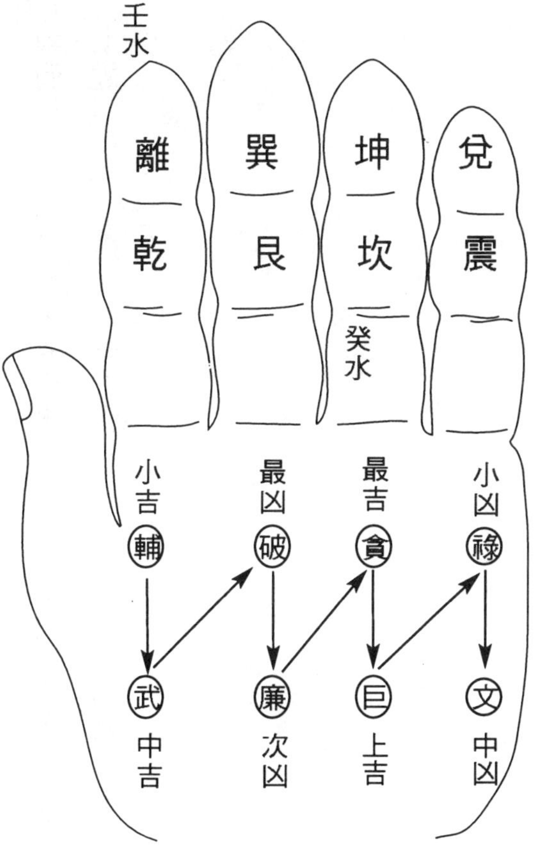

其出向為「子」、納甲歌中，坎離癸申子辰，故要自「坎卦」起數、以收的局來水、看吉凶。

坎卦在中間，飛象不過河，故自坎「輔」↓坤「武」↓震「破」↓兌「廉」↓乾「貪」↓離「巨」↓艮「祿」↓巽「文」為止。則知乾方來水為貪狼水最吉，

其圖示如下：

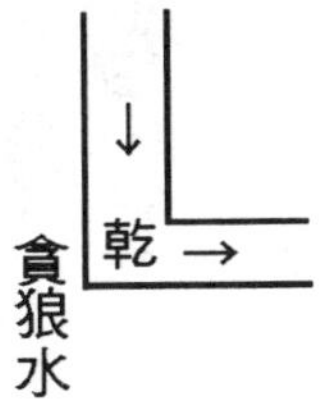

貪狼水
乾
↓
→

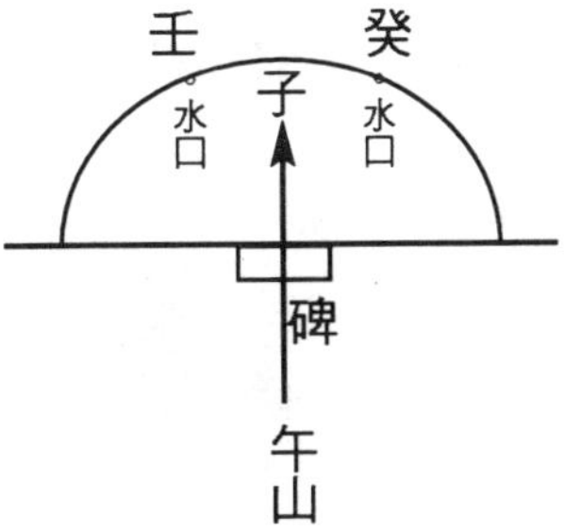

壬
癸
子
水口
水口
碑
午山

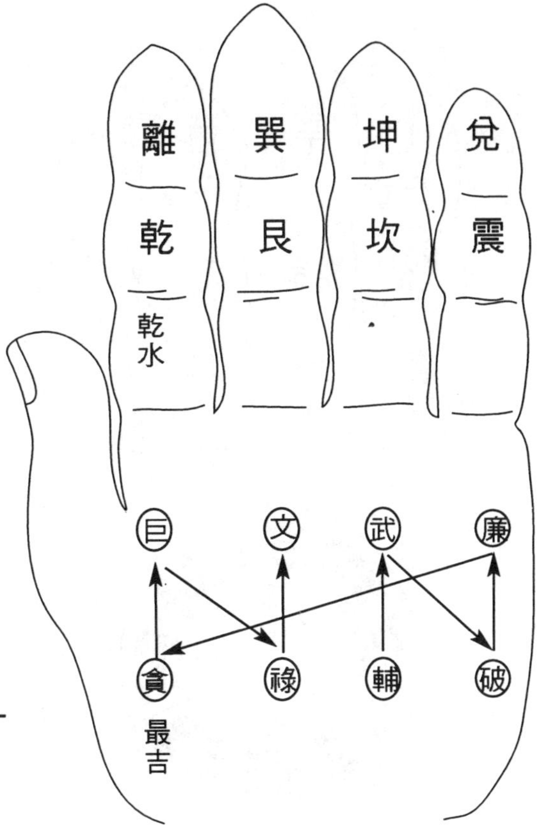

離
巽
坤
兌
乾
艮
坎
震
乾水
巨
文
武
廉
貪
祿
輔
破
最吉

十、八卦掌訣

八卦掌訣主要的內容就是易經八卦旳卦象所代表的八個字，其掌圖約有下列三種形式，即是：一、先天八卦，二、後天八卦，三、先後天相疊卦等掌訣圖，其詳如下：

一、先天八卦掌訣圖

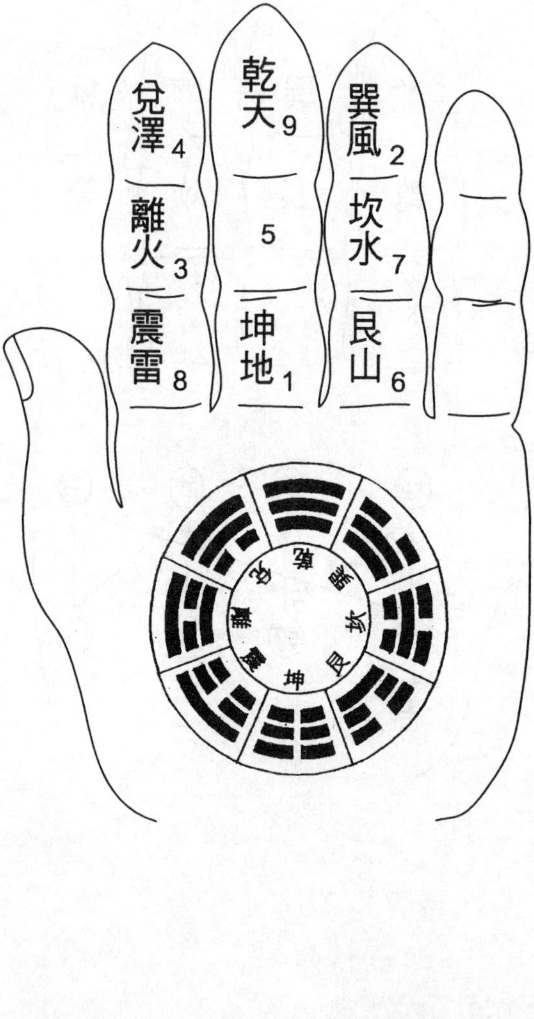

二、後天八卦掌訣圖

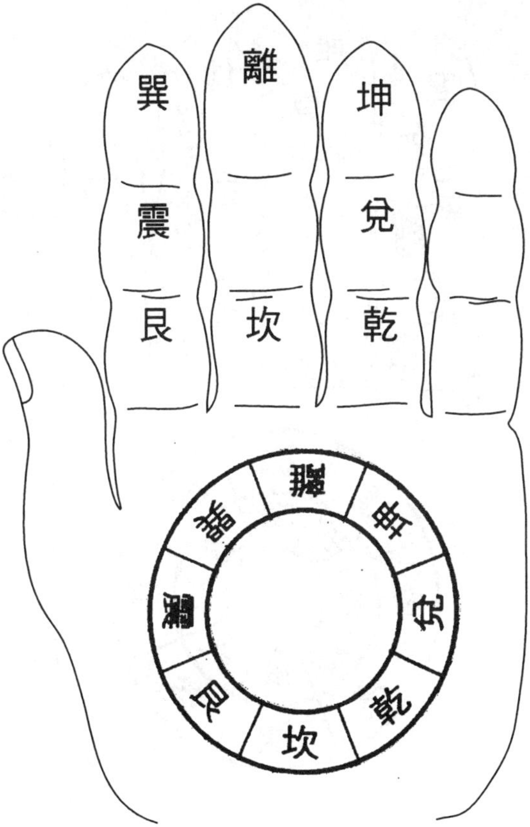

三、先後天八卦相疊掌訣圖

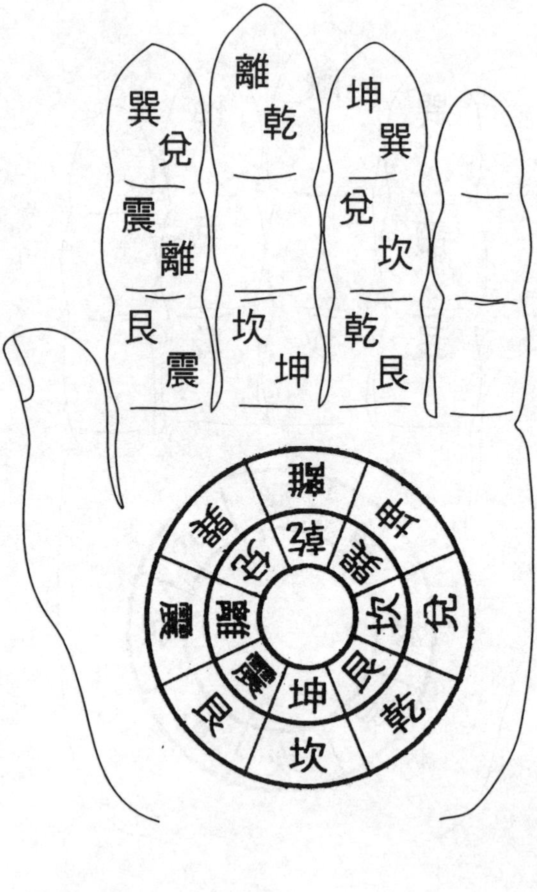

卦象淺釋

1.爻神：組成卦象的符號稱為爻神，有陰陽之分：

「—」：一條長的橫線稱為陽爻，又名「九爻」。

「--」：兩條短的橫線稱為陰爻，又名「六爻」。

每個卦象是由六個爻神所組合而成，由下往上堆成，各爻神均有一定之稱謂，例如「風雷益」卦，是由「巽」卦和「震卦」所組成其圖示如下：

上九	九五	六四	六三	六二	初九
▅▅▅	▅▅▅	▅ ▅	▅ ▅	▅ ▅	▅▅▅

2.名稱：如前例，「巽」卦在上，稱為「上卦」又名「天卦」、「外卦」。「震」卦在下，稱為「下卦」又名「地卦」、「內卦」（因從羅經上看，其卦在內緣）。合上下二卦則稱為「玄宮大成卦」、或「六十四小卦」。最下面爻神、因為「是「陽爻」、所以稱做「初九」或「初爻」、「初九爻」，或為陰爻則稱為「初六爻」。第二個爻神，因為是「陰爻」，所以稱為「六二爻」或「六二」，第四、第五爻

依此類推。最上面的爻神。是「陽爻」則稱為「上九」或「上九爻」，若為「陰爻」則稱做「上六爻」。

3.陽卦或陰卦的判定法：

是把一卦中，相同的爻神做抵銷後，再看所剩下的爻神是陽爻或陰爻，來定其屬性，若抵銷後所剩者為陽爻，則為陽卦，所剩者為陰爻，則屬陰卦，例如坎卦為「☵」，其中是由二陰爻和一陽爻所組合而成，現在把相同的兩個陰爻互相抵銷後，剩下的是陽爻，所以判定為陽卦，故「坎」為「中男」，又如乾卦為「☰」，是三個陽爻所組合而成，若把其中相同的二爻抵銷後，所剩下的一爻還是陽爻，所以判定為「陽卦」，故「乾」為「父」為「天」。

4.先後天八卦的意義，全在下列三幅圖中：

●先天八卦（體）：主卦運

天地定位
雷風相薄
山澤通氣
水火不相射
納甲歸元

※先天八卦無方位，故應用於符咒，八卦鏡有效用。

口訣：先乾兌離震，巽坎艮坤。

●後天八卦（用）：主方位

※八卦符號（先後天卦同用）

乾三連
坤六斷
離中虛
坎中滿
震仰盂
艮覆碗
兌上缺
巽下斷

口訣：後離巽震艮，坤兌乾坎。

先天與後天八卦相疊圖：

有關六十四卦的吉凶暗示意義，請參閱所著「天機地理提要」（進源書局出版）第廿一頁。

應用舉例：

㈠先天八卦在用來推演出「六十四卦」象時，要先推定其卦象的下卦，其方法是把所要用的卦放在「五中」位置，再以其餘八宮的卦與中宮相配，其規則如下：

陽儀：由震開始往上推，經離、兌、乾而完成。

陰儀：由巽開始往下推，經坎、艮、坤而結束。

例如「震」卦的八個卦象是由「坤」（地）和「震」（雷）組合而成「地雷復」卦；次由「震」和「震」卦組合成「震為雷」卦再次由「離」和「震」卦組合成「火雷噬嗑」卦，其圖示如下：

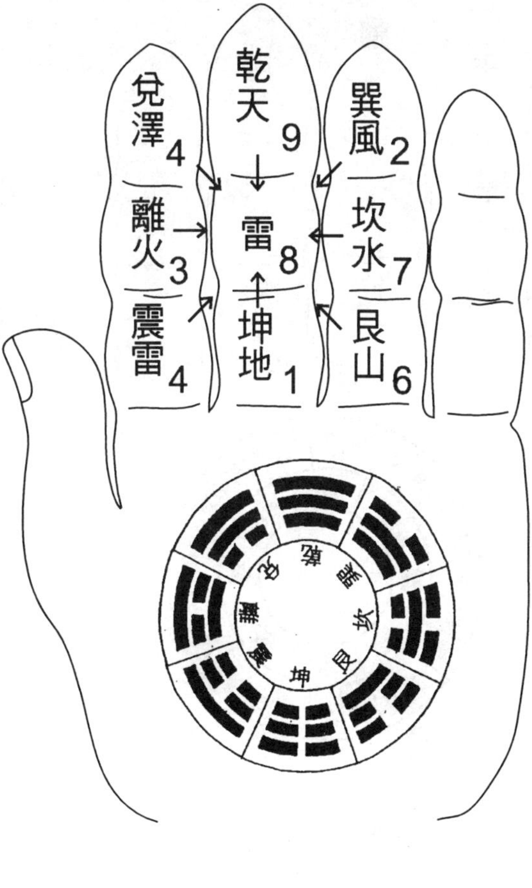
兌澤4
乾天9
巽風2
離火3
雷8
坎水7
震雷4
坤地1
艮山6

㈡後天八卦有方向性，可用來定方位，一卦管三個山，例如「坎」卦管「壬山」、「子山」、「癸山」，屬於「正北方」。東北方則為「艮」卦所管的「丑山」、「艮山」、「寅山」。其餘類推，詳如下圖。

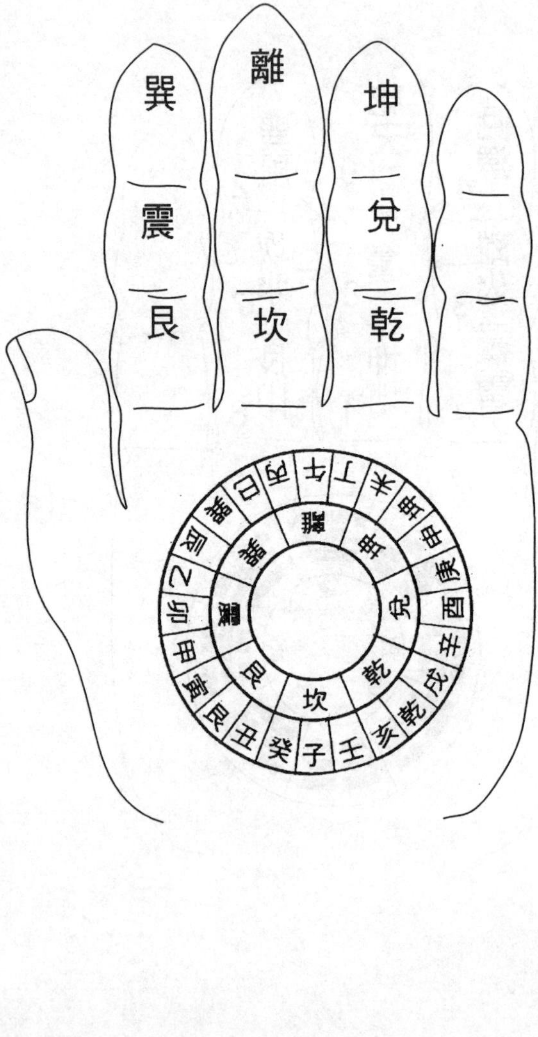

㈢後天八卦掌訣在用來推算「三元乾坤國寶」水法中的「三刀案」時，甚為方便。所謂「三刀案」、其內容如下：

案劫水：在坐山的正前方之來水。

天劫水：在兌、乾、坎、艮山左邊四十五度角方向來水。或震、巽、離、坤山的右邊四十五度角方向來水。

地刑水：則剛好與天劫水相反，若坐山的左邊有天劫水，則右邊的是地刑水。反之，若左邊的為地刑水，則右邊的論為天劫水。

例如「坎山」的天劫水在左邊的「巽」方流來，地刑水在左邊的「坤」方流來。「離」方流來穴前的水，則稱為案劫水。

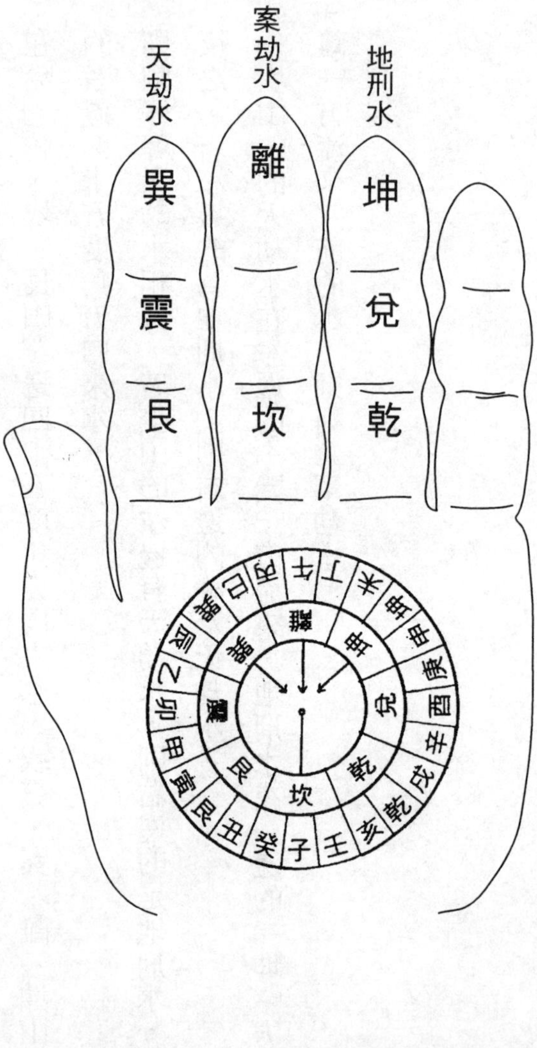
天劫水
案劫水
地刑水
巽
離
坤
震
兌
艮
坎
乾

㈣先後天八卦相疊掌訣在用來推算「三元乾坤國寶」水法時，非常容易看出各坐山的「先天水」和「後天水」屬於何卦位。如下之掌訣圖所示，由掌心看出去，「乾」卦在內先看到，所以「乾山」的先天水是從「離」方，來因「先乾後離」；同理，「兌山」的先天水是從「巽」方來；「離山」的先天水是從「震」方來。其餘可如是類推。

而「離」卦在後，則「離山」的後天水是從「乾」方來；「巽山」的後天水是從「兌」方來。「震山」的後天水是從「離」方來。其餘可類推。只要記住這個規則，不必硬背，一目瞭然。以掌訣來學習五術風水命理，有許多簡便易記的方法，並不如想像中那麼難的。其圖示如下：

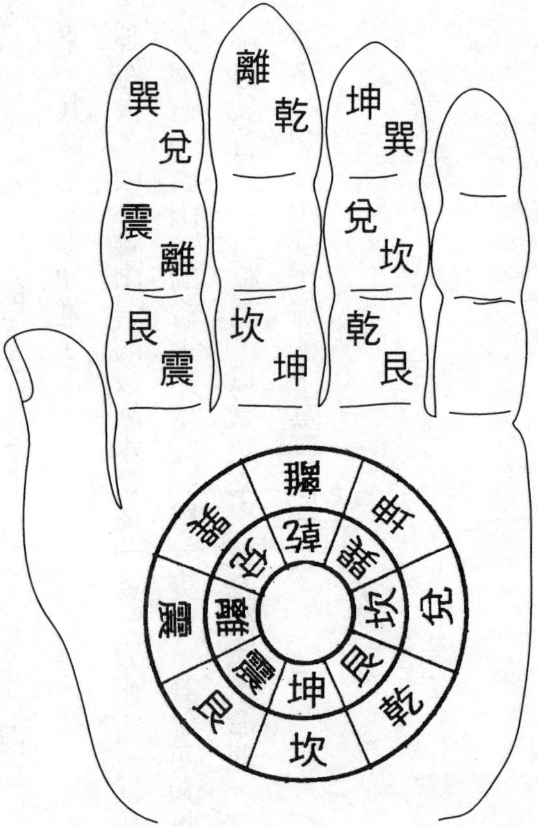
巽
兌
震
離
艮
震
離
乾
坎
坤
坤
巽
兌
坎
乾
艮
離
坤
兌
乾
坎
艮
震
巽
乾
巽
坎
艮
坤
震
離
兌

十一、十二長生掌訣

中國古代的命理學家，想出了「十二長生位」這樣的十二個用詞。來代入十個天干，或配合地支，以推論一些事象演變的強弱盛衰過程，以表現事象的「五行」在陽陰方面的消長循環規律，其應用的方式或範圍很歧異，但其代表的含義者相同。茲分述其義如下：

長生：表示事象的初起、發生的情形，猶如人之出生，種子的發芽過程，生命力強而快速。

沐浴：代表初生，發芽後的蛻變，如人在出生後洗澡除污，種子破殼萌芽後、退去外殼，甩掉廢物，故又稱為「敗」。

冠帶：代表其形象氣勢日漸壯觀，有如人到成年則衣冠楚楚，人模人樣、戴上了高帽子、好神氣。

臨官：代表由成長而壯大，到了可以出來負責任，做官臨政，管理眾人之事，搞政治了。升官多少都發了點財、清官嗎也有俸祿，所以又稱為：「祿」。

帝旺：是代表事象的最強旺階段，猶如某人之能力足以輔佐君王而有所作為。

衰：表示由旺轉弱，物極必反，陽極而陰起。

病：衰之時久則致病弱現象發生。

死：病久氣絕、不再喘氣則死。

墓：死後入墓，入土為安。塵歸塵，土歸土。

絕：如人死入墓則生氣絕而後氣漸生。子孫繁延。

胎：表示後氣續聚而結成胎，如種子入土而孕成胚芽。

養：代表結胎受養而成形。然後脫胎而生，則循環不已，生生不息，陰盡陽生，陽消陰長。

應用舉例：

(一)十天干之五行長生訣：陽順陰逆

甲木長生在亥

乙木長生在午

丙火長生在寅

丁火長生在酉

戊土長生在寅
己土長生在酉
庚金長生在巳
辛金長生在子
壬水長生在申
癸水長生在卯

口訣：甲亥乙午，丙戊寅。丁己生酉，庚生巳。辛子壬生，癸生卯。

其掌圖配十二支如下表

十干	甲	丙	戊	庚	壬
長生	亥	寅	寅	巳	申
沐浴	子	卯	卯	午	酉
冠帶	丑	辰	辰	未	戌
臨官	寅	巳	巳	申	亥
帝旺	卯	午	午	酉	子
衰	辰	未	未	戌	丑
病	巳	申	申	亥	寅
死	午	酉	酉	子	卯
墓	未	戌	戌	丑	辰
絕	申	亥	亥	寅	巳
胎	酉	子	子	卯	午
養	戌	丑	丑	辰	未

十干	乙	丁	巳	辛	癸
長生	午	酉	酉	子	卯
沐浴	巳	申	申	亥	寅
冠帶	辰	未	未	戌	丑
臨官	卯	午	午	酉	子
帝旺	寅	巳	巳	申	亥
衰	丑	辰	辰	未	戌
病	子	卯	卯	午	酉
死	亥	寅	寅	巳	申
墓	戌	丑	丑	辰	未
絕	酉	子	子	卯	午
胎	申	亥	亥	寅	巳
養	未	戌	戌	丑	辰

壬庚戊丙甲 絕生 祿病 巳 癸辛己丁乙 胎死 旺敗	壬庚戊丙甲 胎敗 旺死 午 癸辛己丁乙 絕病 祿生	壬庚戊丙甲 養冠 衰墓 未 癸辛己丁乙 墓衰 冠養	壬庚戊丙甲 生祿 病絕 申 癸辛己丁乙 死旺 敗胎
壬庚戊丙甲 墓養 冠衰 辰 癸辛己丁乙 養墓 衰冠	陰陽順逆生旺死絕之圖		壬庚戊丙甲 敗旺 死胎 酉 癸辛己丁乙 病祿 生絕
壬庚戊丙甲 死胎 敗旺 卯 癸辛己丁乙 生絕 病祿			壬庚戊丙甲 冠衰 墓養 戌 癸辛己丁乙 衰冠 養墓
壬庚戊丙甲 病絕 生祿 寅 癸辛己丁乙 敗胎 死旺	壬庚戊丙甲 衰墓 養冠 丑 癸辛己丁乙 冠養 墓衰	壬庚戊丙甲 旺死 胎敗 子 癸辛己丁乙 祿生 絕病	壬庚戊丙甲 祿病 絕生 亥 癸辛己丁乙 旺敗 胎死

長生，沐浴，冠帶，臨官，帝旺，衰，病，死，墓，絕，胎，養。（臨官即祿也，沐浴即敗也。）

例如「甲長生在亥」之掌圖如下，依其人八字中之日柱為主，甲日生者，以亥日為長生，丑日為沐浴，寅日為臨官，卯日為帝旺，依此推算下去即可。

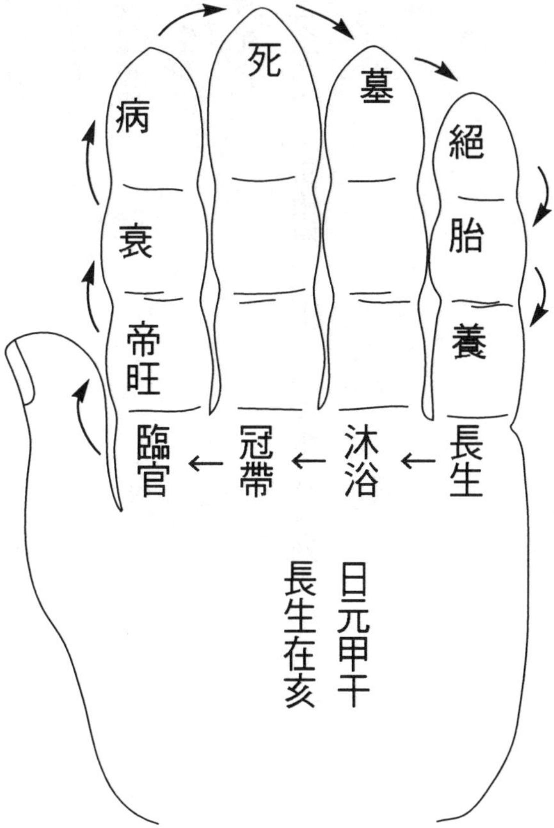

㈡紫微斗數中，五行局之十二長生訣：陽男陰女順行，陰男陽女逆布。其規律如下：

水二局：長生在申。

木三局：長生在亥。

金四局：長生在巳。

土五局：長生在申。

火六局：長生在寅。

口訣：火土金木水，寅申巳亥申。其長生訣表列如下：

五行局	順逆／諸星	長生	沐浴	冠帶	臨官	帝旺	衰	病	死	墓	絕	胎	養
水二局	陽男陰女	申	酉	戌	亥	子	丑	寅	卯	辰	巳	午	未
	陰男陽女		未	午	巳	辰	卯	寅	丑	子	亥	戌	酉
木三局	陽男陰女	亥	子	丑	寅	卯	辰	巳	午	未	申	酉	戌
	陰男陽女		戌	酉	申	未	午	巳	辰	卯	寅	丑	子
金四局	陽男陰女	巳	午	未	申	酉	戌	亥	子	丑	寅	卯	辰
	陰男陽女		辰	卯	寅	丑	子	亥	戌	酉	申	未	午
土五局	陽男陰女	申	酉	戌	亥	子	丑	寅	卯	辰	巳	午	未
	陰男陽女		未	午	巳	辰	卯	寅	丑	子	亥	戌	酉
火六局	陽男陰女	寅	卯	辰	巳	午	未	申	酉	戌	亥	子	丑
	陰男陽女		丑	子	亥	戌	酉	申	未	午	巳	辰	卯

紫微斗數中十二長生之精義：「老怕生旺、少怕衰、中年就怕死、墓、絕。」

大限逢老運的時候，不宜走到生旺之宮或年，那是劫數的象徵，因為人逢老年其氣漸衰，看似宮中星辰運勢越來越好，越來越強旺，沒有死劫的條件，實則恰好相反，是越來越不利的預兆。篇幅有限，點到為止，另著專論細述。

木三局、陽男陰女命盤，安十二長生當訣圖如下：

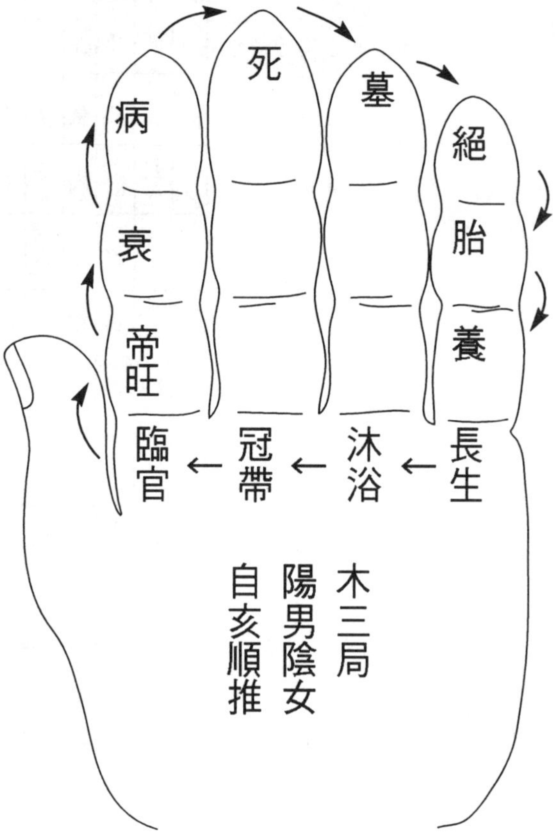
死
墓
病
絕
衰
胎
帝旺
養
臨官
冠帶
沐浴
長生
木三局
陽男陰女
自亥順推

㈢十二長生在各月份分布表

四季	所忌五行	五行／月份	火	木	水	金	土
	木	1	長生	臨官	病	絕	
春	木	2	沐浴	帝旺	死	胎	
	土	3	冠帶	衰	墓	養	帝旺
	火	4	臨官	病	絕	長生	
夏	火	5	帝旺	死	胎	沐浴	
	土	6	衰	墓	養	冠帶	帝旺
	金	7	病	絕	長生	臨官	
秋	金	8	死	胎	沐浴	帝旺	
	土	9	墓	養	冠帶	衰	帝旺
	水	10	絕	長生	臨官	病	
冬	水	11	胎	沐浴	帝旺	死	
	土	12	養	冠帶	衰	墓	帝旺

由上表可做如下之掌訣圖示：

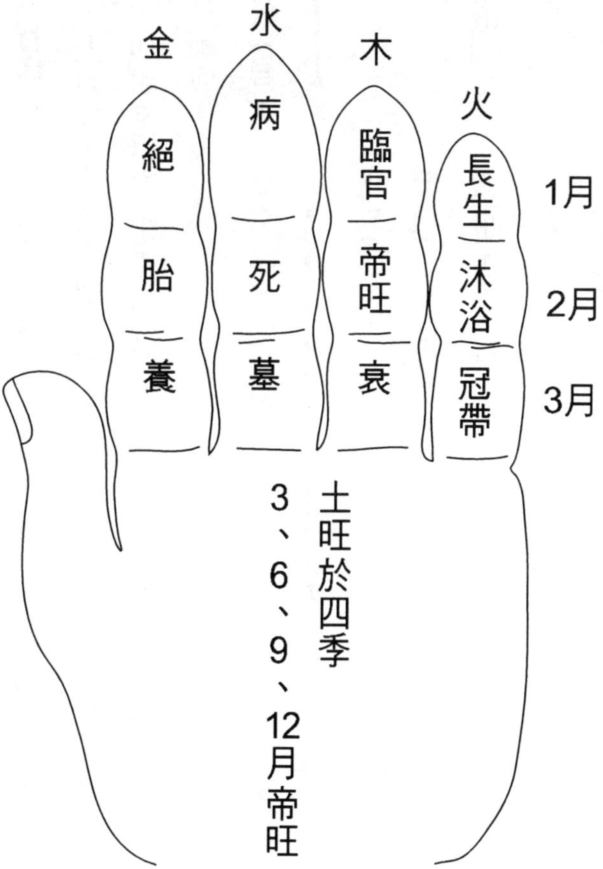

此乃紫微斗數中，論定「宮氣喜忌用神」時，要參看命盤上所顯示的出生月份，凡較旺的月份，例如「帝旺」、「臨官」、「長生」所在，就是要「忌」的五行所在，依其所「忌」之神，來判定宮氣的強弱，例如出生在三月、六月、九月、十二月就要考慮忌「土」，因為宮中或三方四正的星辰，屬土的一多，加起來總數超過「四粒」，就一定是忌「土」。圖示如下

1.喜忌神取法表：

八月氣候(忌金)		命宮三方四正星辰	總粒數
火	死	地劫(1/3)	1/3
木	胎	廉貞(1)貪狼(1)	2
水	沐浴	破軍(1)化忌(1)	2
金	帝旺	七殺(1)羊刃(3/4)陀羅(3/4)命身三合(2)	4 1/2
土		天府(2)	2

2.喜忌神論定：八月份氣候金在帝旺，總粒數超過4粒，故要忌金水，而非忌土，因為三、六、九、十二月才是土旺忌土。其餘各五行粒數相當，均可論喜。

綜上可知，本命盤係忌金、水，喜、火。

其掌法是以小指第一節代表一月份之「火長生」，四月份則不必往下延生，可跳到無名指第一節為「臨官」，七月份則同樣掐指數到中指第一節「病」火，十月份則順推至食指第一節為「火絕」。依此方式，可在掌中推知各月份的「十二長生位」分布情形。主要是找出1 2 3 4 5 7 8 10 11各月的帝旺、臨官所在，至於3 6 9 12月則是土旺，不必再推。

犹甚輿學上「三合派」陰宅水法，運用「十二長生掌訣」立衰向、旺向、以收長生、冠帶、臨官、帝旺水（來水），而出病、死、墓、絕水（去水）為吉。而沐浴水為「桃花水」，宜出不宜入。其法係以「向」為準，依「天盤」（一百二十分全）納水，以長生為源、出墓庫。

其立向之情形，分舉如下：

立衰向之坐山有八：

天干衰向（由右倒左）：乙、辛、丁、癸。
地支衰向（由左倒右）：辰、戌、丑、未。
立旺向之坐山十六：
陽旺（由左倒右）：子午卯酉、甲丙庚壬。
陰旺（由右倒左）：乾坤艮巽、寅申巳亥。
三合立向出水十二長生訣一覽表：

左倒水右												右倒水左												水法
癸	丁	辛	乙	亥	巳	申	寅	巽	艮	坤	乾	未	丑	戌	辰	酉	卯	午	子	壬	庚	丙	甲	天向／十二長生
午丙	子壬	卯甲	酉庚	卯甲	酉庚	子壬	午丙	酉庚	午丙	子壬	卯甲	艮寅	坤申	巽巳	乾亥	巽巳	乾亥	艮寅	坤申	坤申	巽巳	艮寅	乾亥	長生
巳巽	亥乾	寅艮	申坤																	庚酉	丙午	甲卯	壬子	沐浴
辰乙	戌辛	丑癸	未丁																	辛戌	丁未	乙辰	癸丑	冠帶
卯甲	酉庚	子壬	午丙																	乾亥	坤申	巽巳	艮寅	臨官
寅艮	申坤	亥乾	巳巽									丙午	壬子	庚酉	甲卯	庚酉	甲卯	丙午	壬子	壬子	庚酉	丙午	甲卯	帝旺
丑癸	未丁	戌辛	辰乙	戌辛	辰乙	未丁	丑癸	辰乙	丑癸	未丁	戌辛									癸丑	辛戌	丁未	乙辰	衰
子壬	午丙	酉庚	卯甲																	艮寅	乾亥	坤申	巽巳	病
亥乾	巳巽	申坤	寅艮																	甲卯	壬子	庚酉	丙午	死
戌辛	辰乙	未丁	丑癸	未丁	丑癸	辰乙	戌辛	丑癸	戌辛	辰乙	未丁	辛戌	乙辰	癸丑	丁未	癸丑	丁未	辛戌	乙辰	乙辰	癸丑	辛戌	丁未	墓
酉庚	卯甲	午丙	子壬																	巽巳	艮寅	乾亥	坤申	絕
申坤	寅艮	巳巽	亥乾																	丙午	甲卯	壬子	庚酉	胎
未丁	丑癸	辰乙	戌辛	辰乙	戌辛	丑癸	未丁	戌辛	未丁	丑癸	辰乙	癸丑	丁未	乙辰	辛戌	乙辰	辛戌	癸丑	丁未	丁未	乙辰	癸丑	辛戌	養

例如：寅山申向之陰宅，係以「申」向收水，申子辰三合水，長生在「子」，則依掌訣推知墓庫在「辰」，依西瓜靠大邊的原則，來水宜自長生「壬、子」二山，而出水則宜流「乙、辰」二山之墓庫，其圖如下：

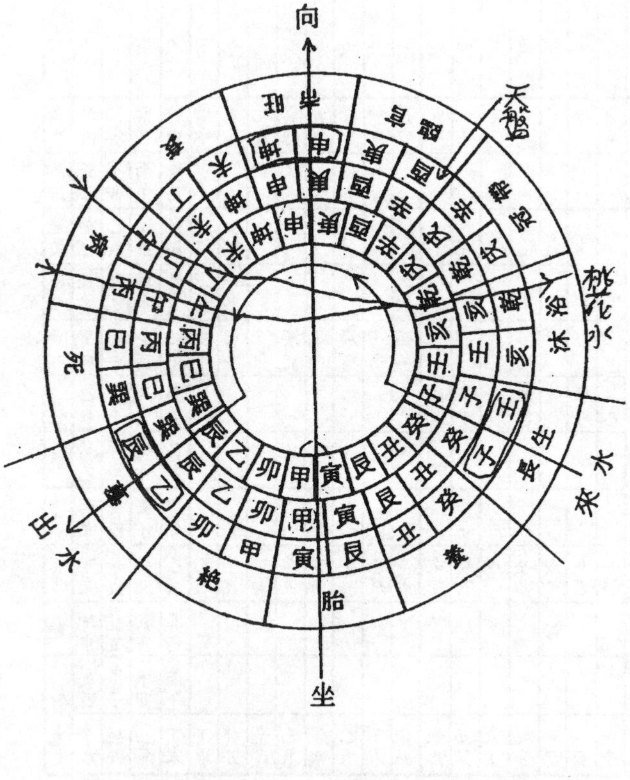

坐寅向申兼甲　分金宜用庚寅

一、分金庚寅納音五行屬木，因木剋土，故本分金忌仙命納音五行屬土。仙命屬土有：丙戌、丁亥、丙辰、丁巳、戊寅、己卯、戊申、己酉、庚午、辛未、庚子、辛丑

二、本局天盤縫針串申，故以申坤為旺向，子壬為長生來水，出墓辰乙口。

三、本局立四陰干旺向，水法喜右水倒左，忌左水倒右破局。

十二、文昌位掌訣

㈠八宅明鏡文昌：

以紫白飛星法，將宅卦所屬的洛書數，飛佈入九宮後取「四」（文昌星）所在的宮位，判定為「文昌位」。

例如：坐東朝西的房子為「震宅」，其「洛書數」為「3」、以「3」入中宮、順飛其餘八星入各宮、其次序為：3中、4乾、5兌、6艮、7離、8坎、9坤、1震、2巽。「4」數落在「乾」宮，故推其文昌位在宅的「西北

方」

其掌訣圖示如下：

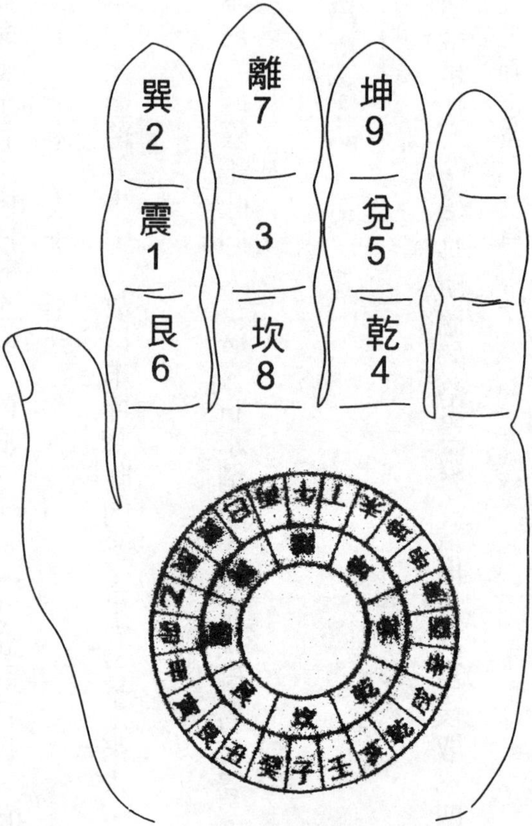

㈡三元玄空文昌：

「玄空派」之理論，係以「洛書數」中的「1」與「4」所飛入的宮位論文昌，其文昌位隨年份不同而有所變動。

例如：民國九十二年為「癸未」年，在下元運係以「6」入中宮，飛佈九星之結果，其次序為：

6中↓7乾↓8兌↓9艮↓1離↓2坎↓3坤↓4震↓5巽。由是可看出，該年的文昌位是在屋中的「南方」和「東方」。此為「流年文昌」位，當「4」入中宮之年，則「4」（中宮）不論為「文昌位」。

其掌訣圖示如下：

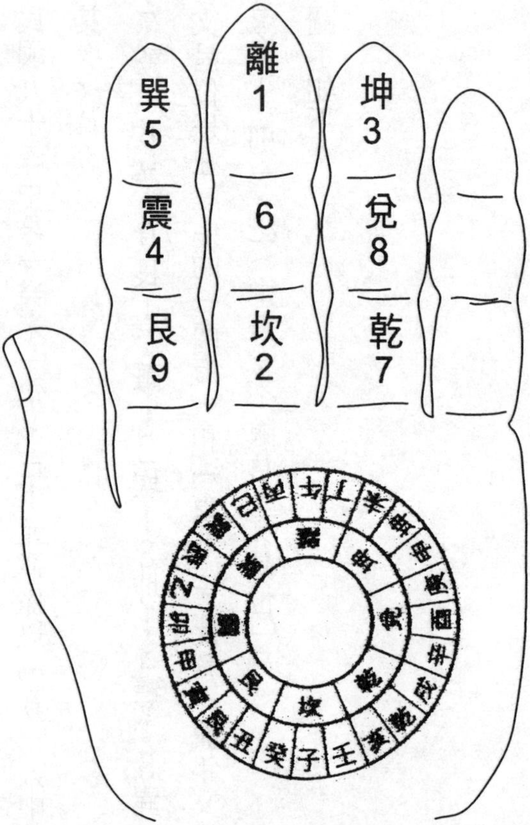
巽
5
離
1
坤
3
震
4
6
兌
8
艮
9
坎
2
乾
7

同時，由上圖也可推知民國九十二年的「年五黃」在「東南方」（巽卦）。是該年中，宅的凶方。

㈢九星文昌（個人文昌）：

係以實際進住該屋的個人所住之房間為準，來論定該房間對其個人而言，文昌位何在。求「個人文昌」之法，是先找出個人的「祿存星」所在宮位，再根據祿存星的位置推算：「祿前四位是文昌、祿後四位是文曲（桃花）。」。祿存星口訣為：

甲（寅）、乙（卯）、丙戊（巳）、丁己（午）。

庚辛壬癸（申酉亥子）。

意謂甲年生的人，祿存星在「寅宮」，乙年生的人，祿存星在「卯宮」，……癸年生的人，祿存星在「子宮」，其掌訣圖示如下：

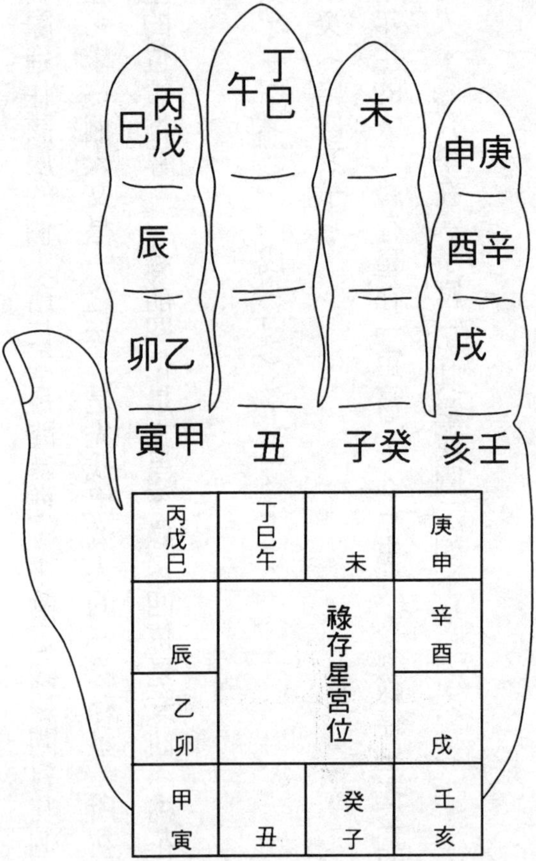
丙戊巳
丁巳午
未
庚申
辰
辛酉
乙卯
戌
甲寅
丑
癸子
壬亥
祿存星宮位

由上述掌圖推算結果，可得出「個人文昌、文曲位」表如下：

出生年干	甲	乙	丙	丁	戊	己	庚	辛	壬	癸
文昌位	巳	午	申	酉	申	酉	亥	子	寅	卯
文　曲	亥	子	寅	卯	寅	卯	巳	午	申	酉

根據上表，以羅經在房內的小太極（中心點）測量，可確定其個人文昌位所在之方位。例如：

民國九十二年出生的人，是「癸」未年出生，其個人文昌位，就是在其房間內的「正東方」。可以在這個牆壁的「卯」位安奉「文昌筆」、或以其他方法，使文昌位氣旺，以利讀書考試。或安床於此、使睡在「文昌位」上，以利功名，事業之發展。

十三、求生肖之年歲掌訣

一、十二生肖與地支、五行關係詳如下表：

地支＼所屬	陰陽	五行	生肖
子	陽	水	鼠
丑	陰	土	牛
寅	陽	木	虎
卯	陰	木	兔
辰	陽	土	龍
巳	陰	火	蛇
午	陽	火	馬
未	陰	土	羊
申	陽	金	猴
酉	陰	金	雞
戌	陽	土	狗
亥	陰	水	豬

二、由生肖及干支求年歲方法

1.原輪：在十二歲以內（含本數），要逆數定干支。

2.一輪：以原輪十二歲以內之數再加12，干逆二，支不動。

3.二輪：再加十二歲，干逆四，支不動。

4.三輪：再加十二歲，干逆六，支不動。

5.四輪：再加十二歲，干逆八，支不動。

6.五輪：再加十二歲，干逆回原支。

例如：生肖「龍」（辰）的人，在癸酉年的「年歲」，其掌訣圖示如下：

㈠癸酉年要自「酉宮」逆數到其生肖「辰龍」的宮位，其干支次如下：
癸酉↓壬申↓辛未↓庚午↓己巳↓戊辰。其總宮位數是六，故知其人為「六歲」，而且是「戊辰」年出生的人。

㈡第一輪加十二歲，則為十八歲，其掌訣圖示如下：

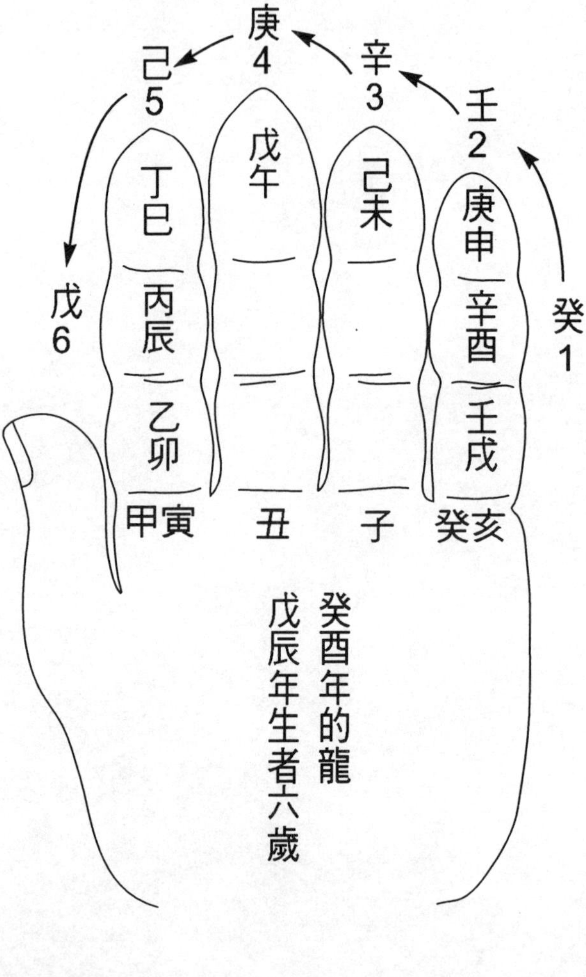

㈢第二輪再加十二歲，則為三十歲，其掌訣圖示如下：

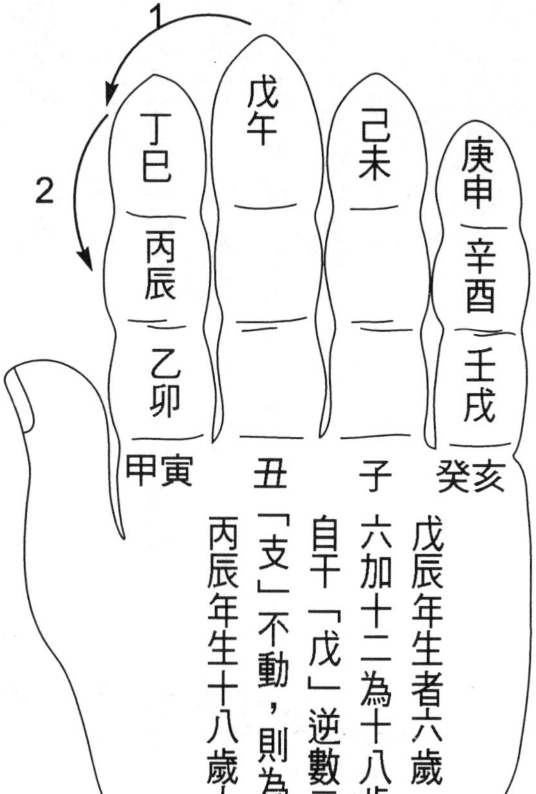

十四、麒麟星到宮掌訣

在嫁娶擇日上，麒麟瑞星可制「白虎」、「天狗」煞氣，其法即是取麒麟星到白虎、天狗所占的宮位，或沖宮或與之成三合、六合之局以制化其凶。

求麒麟星到宮之法，要以太陽立宮之月「支」（將）代入要用之時辰「支」。即以「月將」順數至時支，看在何宮即得。

例如：求立春後，卯時的麒麟星宮位，可參看下表，立春後，太陽立「子」宮，月麟在「戌」，將「子」代入「戌」，順數至「卯」，其次順為：

子戌↓丑亥↓寅子↓卯丑。故知麟星在「丑」宮。

其表及掌訣圖示如下：

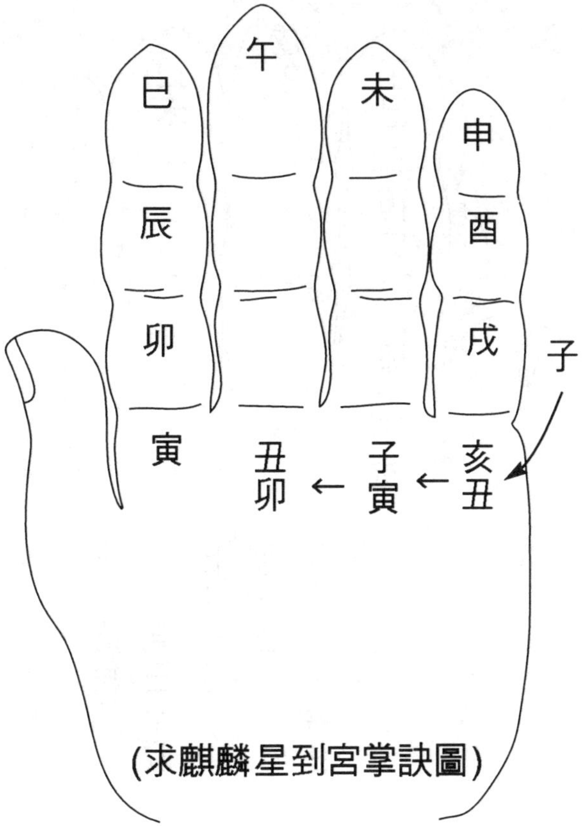

(求麒麟星到宮掌訣圖)

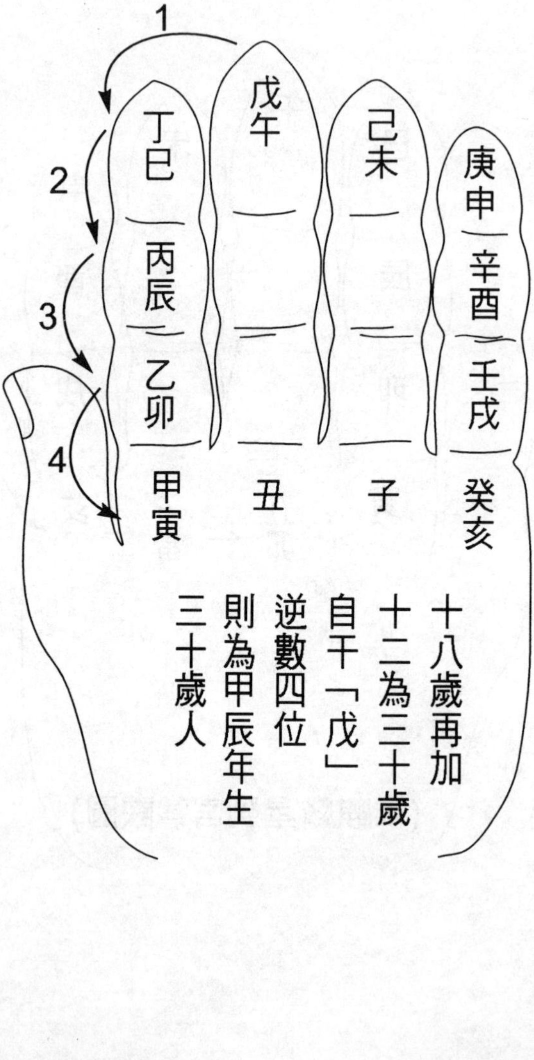
1
2
3
4
戊午
丁巳
己未
庚申
丙辰
辛酉
乙卯
壬戌
甲寅
丑
子
癸亥
十八歲再加
十二為三十歲
自干「戊」
逆數四位
則為甲辰年生
三十歲人

㈣第三輪再加十二歲，則為四十二歲，其掌訣圖示如下：

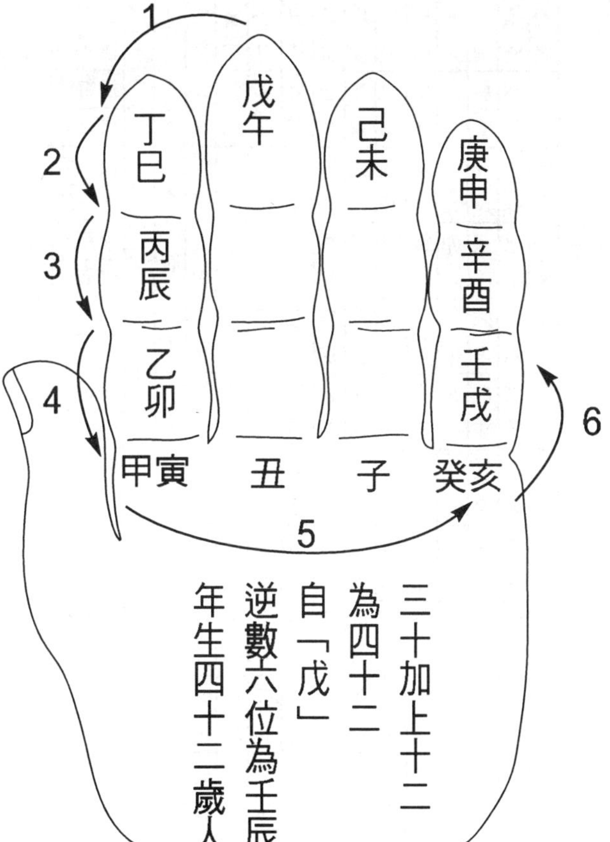

逐月各時之麒麟星占宮一覽表

月份	氣節	月將	麒麟星	子時	丑時	寅時	卯時	辰時	巳時	午時	未時	申時	酉時	戌時	亥時
正月	立春後	子	戌	戌	亥	子	丑	寅	卯	辰	巳	午	未	申	酉
	雨水後	亥		亥	子	丑	寅	卯	辰	巳	午	未	申	酉	戌
二月	驚蟄後		子	丑	寅	卯	辰	巳	午	未	申	酉	戌	亥	子
	春分後	戌		寅	卯	辰	巳	午	未	申	酉	戌	亥	子	丑
三月	清明後		寅	辰	巳	午	未	辰	酉	戌	亥	子	丑	寅	卯
	穀雨後	酉		巳	午	未	申	酉	戌	亥	子	丑	寅	卯	辰
四月	立夏後		辰	未	申	酉	戌	亥	子	丑	寅	卯	辰	巳	午
	小滿後	申		申	酉	戌	亥	子	丑	寅	卯	辰	巳	午	未
五月	芒種後		午	戌	亥	子	丑	寅	卯	辰	巳	午	未	申	酉
	夏至後	未		亥	子	丑	寅	卯	辰	巳	午	未	申	酉	戌
六月	小暑後		申	丑	寅	卯	辰	巳	午	未	申	酉	戌	亥	子
	大暑後	午		寅	卯	辰	巳	午	未	申	酉	戌	亥	子	丑
七月	立秋後		戌	辰	巳	午	未	申	酉	戌	亥	子	丑	寅	卯
	處暑後	巳		巳	午	未	申	酉	戌	亥	子	丑	寅	卯	辰
八月	白露後		子	未	申	酉	戌	亥	子	丑	寅	卯	辰	巳	午
	秋分後	辰		申	酉	戌	亥	子	丑	寅	卯	辰	巳	午	未
九月	寒露後		寅	戌	亥	子	丑	寅	卯	辰	巳	午	未	申	酉
	霜降後	卯		亥	子	丑	寅	卯	辰	巳	午	未	辰	酉	戌
十月	立冬後		辰	丑	寅	卯	辰	巳	午	未	申	酉	戌	亥	子
	小雪後	寅		寅	卯	辰	巳	午	未	申	酉	戌	亥	子	丑
十一月	大雪後		午	辰	巳	午	未	申	申	戌	亥	子	丑	寅	卯
	冬至後	丑		巳	午	未	申	酉	戌	亥	子	丑	寅	卯	辰
十二月	小寒後		申	未	申	酉	戌	亥	亥	丑	寅	卯	辰	巳	午
	大寒後	子		申	酉	戌	亥	子	丑	寅	卯	辰	巳	午	未

十五、紫微命盤掌訣

1.排地盤：紫微斗數的地盤就是十二地支的固定不變位置。其圖示如下：

口訣：地盤固定十二宮。

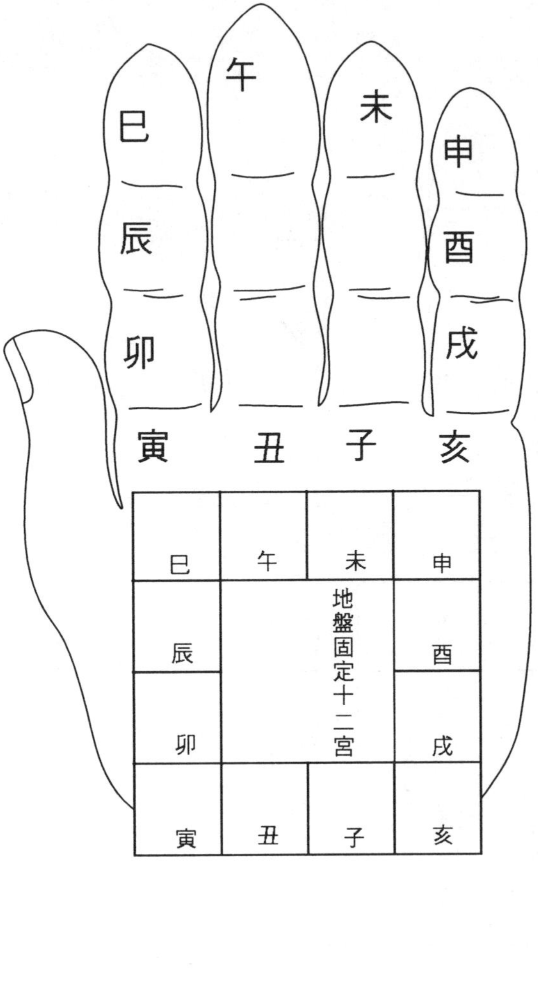

2.排十二宮天干：從「寅」宮起布，把出生年的天干依「五虎遁」方法，將遁得之「干」順布各宮。例如民國九十一年生為「壬午」年，五虎遁口訣為：「丙戊庚壬甲」，「壬」遁「壬」，故在寅宮布入「壬干」。其圖示如下：

口訣：出生年干虎遁寅。

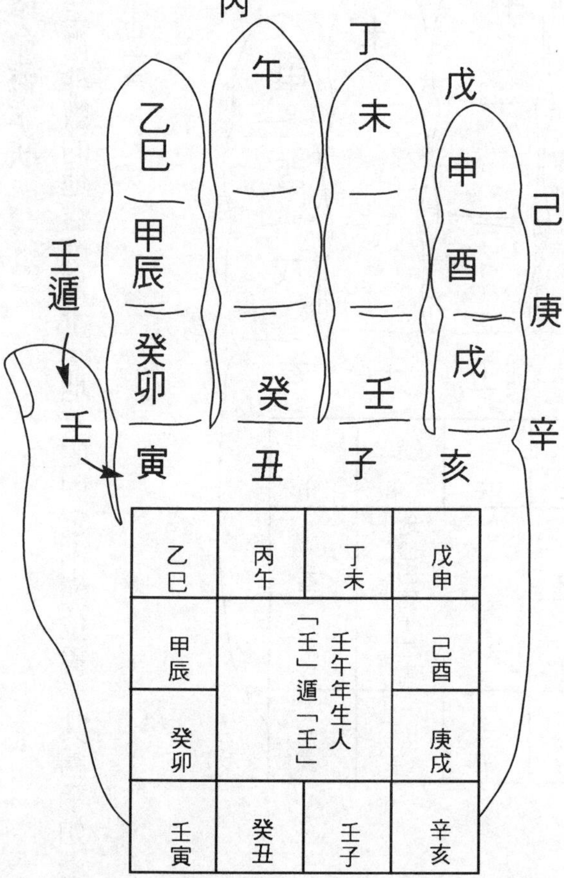

3.排命宮、身宮：

甲、命宮：月令加逆時。自月令所在宮位起「子」，數到出生時辰所在宮位，就是命宮。以下均以「壬午年庚戌月戊申日丙辰時生人為例，其圖示如下：庚戌月自「戌宮」起「子」，逆數至「辰」，推算得知其命宮在「午」宮。

其圖示如下：

口訣：命宮月令加逆時。

附註：逢潤月，前15日論本月，後15日論次月。雙胞胎者第一胎照排命宮，第二胎以兄弟宮做命宮。龍鳳胎則不生先後問題。

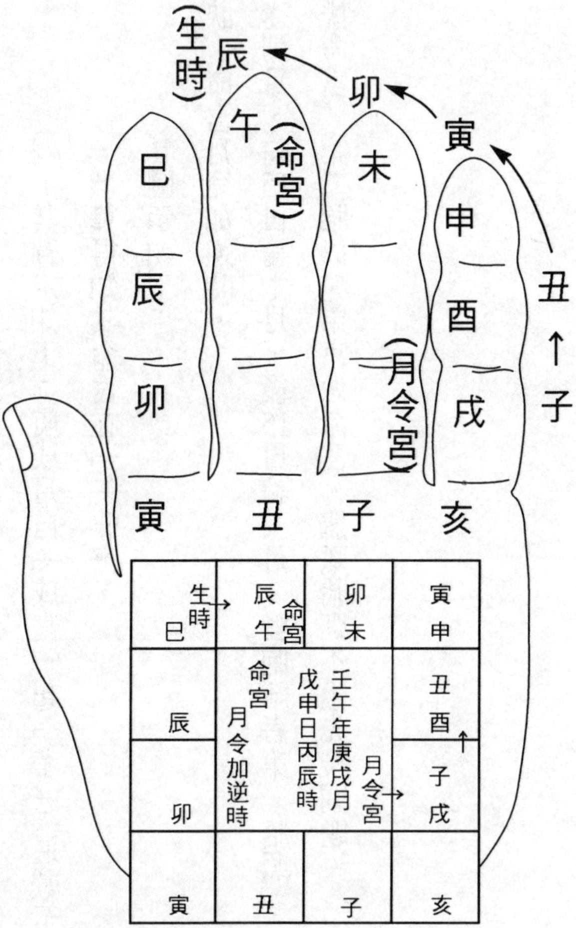

(生時)
辰
卯
寅
丑
子
巳
午
(命宮)
未
申
酉
(月令宮)
戌
辰
卯
寅
丑
子
亥
生時
巳
辰
午
命宮
卯
未
寅
申
丑
酉
命宮
月令加逆時
辰
卯
壬午年庚戌月
戊申日丙辰時
月令宮
子
戌
寅
丑
子
亥

乙、身宮：月令加順時。同前例、自「戌宮」順數至「寅宮」、即為「身宮」所在位置。其圖示如下：

口訣：身宮月令加順時。

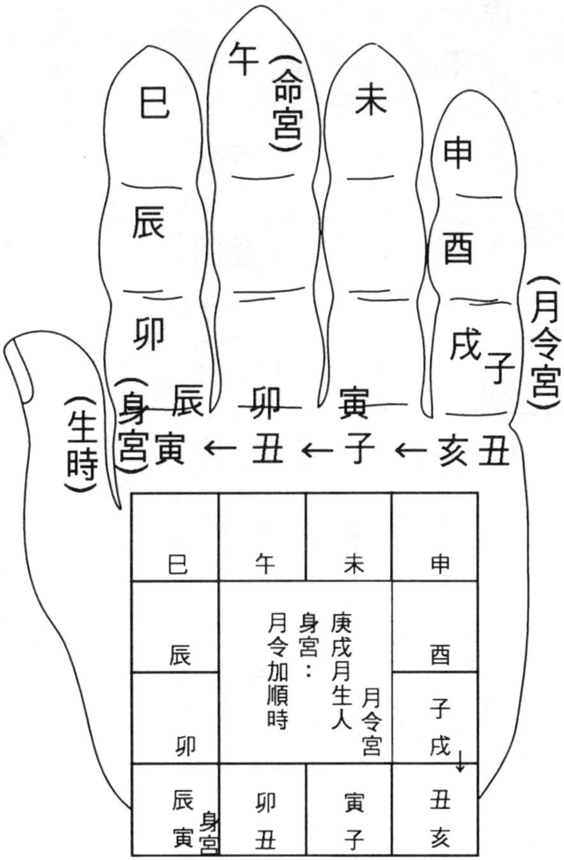

4.排「十二宮」：由命宮起逆佈其餘十一宮。同前例，其圖示如下：

口訣：命宮逆起兄夫子。

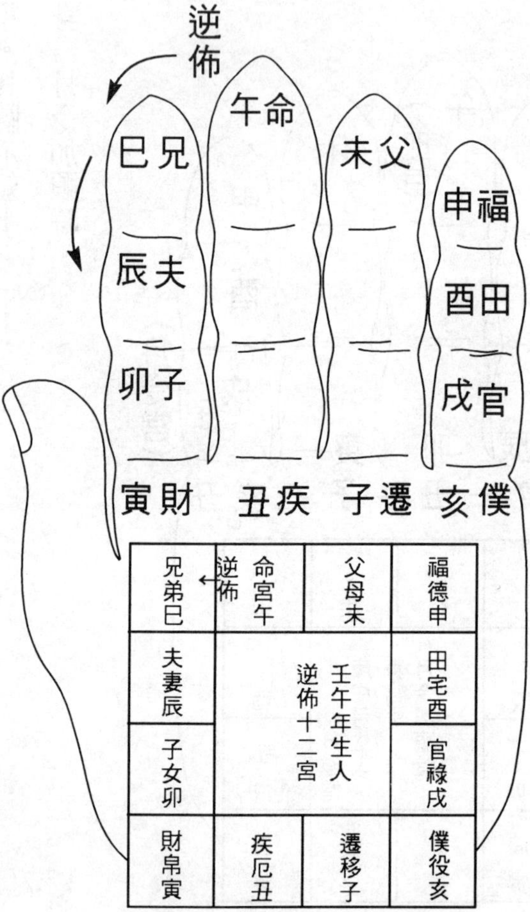

兄弟巳	←逆佈 命宮午	父母未	福德申
夫妻辰	壬午年生人 逆佈十二宮		田宅酉
子女卯			官祿戌
財帛寅	疾厄丑	遷移子	僕役亥

5.排「五行局」：由命宮干支定五行局，金水火土木順行流。先看命宮「地支」落在掌圖的位置，再由此處起「甲」字順數天干至命宮「天干」落處以定「五行局」：

水二局

木三局

金四局

土五局

火六局

如前例，命宮干支為「丙午」，「午」在無名指下端，由此處起「甲」字，順數至「丙」干。注意要兩干兩干一起數。其圖示如下

口訣：五行局支順行數，

環繞金水火土木。

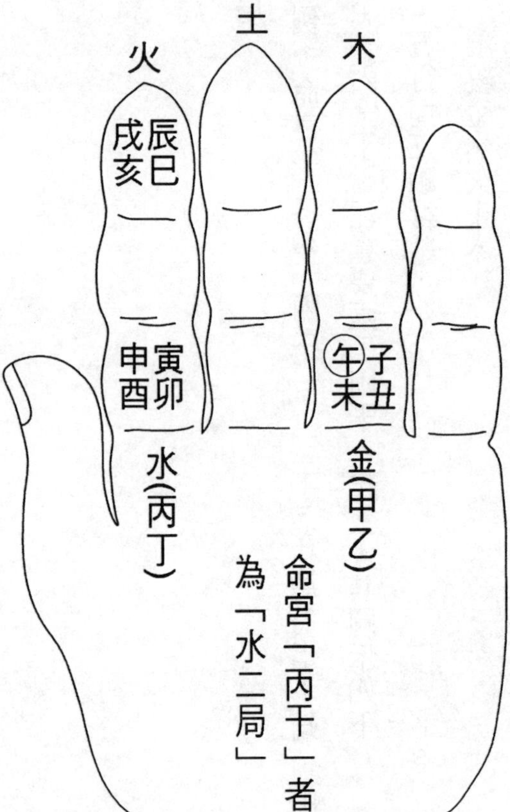
火
土
木
戌辰
亥巳
申寅
酉卯
午子
未丑
水(丙丁)
金(甲乙)
命宮「丙干」者
為「水二局」

6.排大限：大限每十年一宮，自「命宮」起佈，依「五行局」定起運歲數，其規則如下：

水二局：2至11歲

木三局：3至12歲

金四局：4至13歲

土五局：5至14歲

火六局：6至15歲

陽男、陰女大限順佈，

陰男、陽女大限逆佈。

設前例為陽男，則大限自命宮（午宮）起佈為2～11歲，父母宮為12～21歲，福德宮為22～31歲，田宅宮為32～41歲，通常佈至80歲即可。其圖示如下：

口訣：大限命起五行局，陽男陰女限順移。

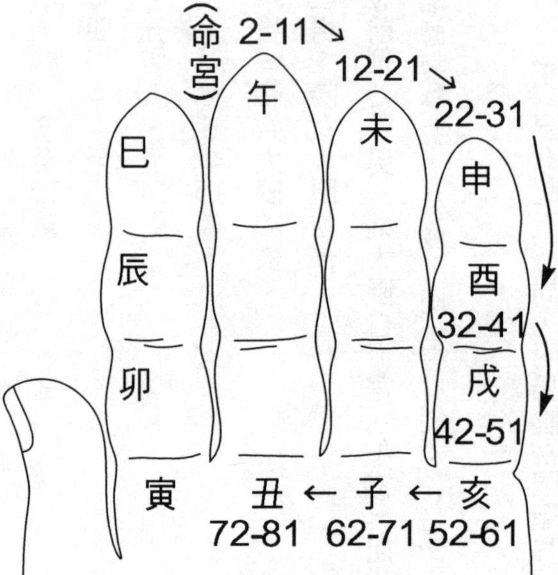

巳	命宮 2-11 午	12-21 未	22-31 申
辰	陽女陰女 大限順佈 水二局		32-41 酉
卯			42-51 戌
寅	72-81 丑	62-71 子	52-61 亥

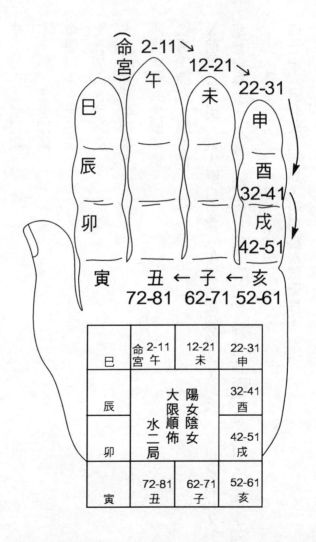

7.排小限：依年「支」定起宮，男順女逆，其規則如下：

寅午戌—辰取一歲。

申子辰—戌取一歲。

巳酉丑—未取一歲。

亥卯未—丑取一歲。

如前例，陽男「壬午」年生，「寅午戌」於「辰宮」取一歲順佈，故繞一圈的結果，辰宮的小限歲數為1、13、25、37、49、61、73、85歲。

其圖示如下：

口訣：小限男順女逆推。

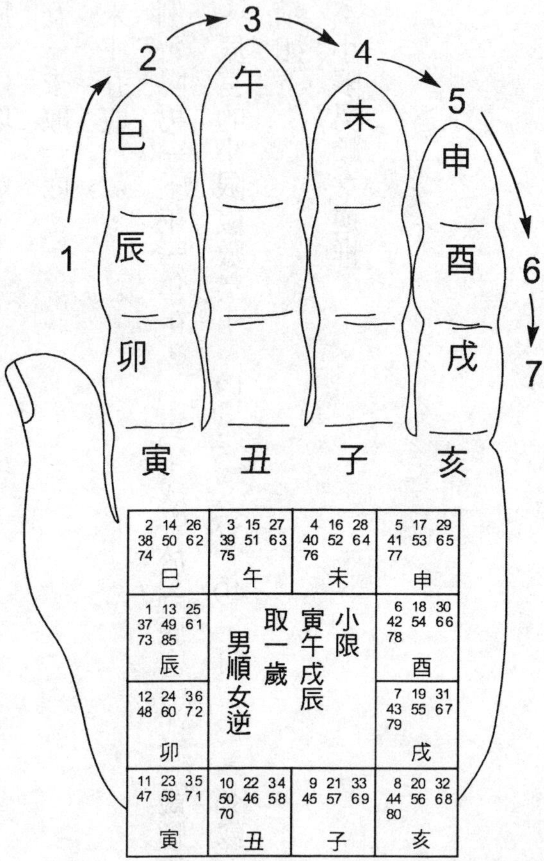
1
2
3
4
5
6
7
巳
午
未
申
辰
酉
卯
戌
寅
丑
子
亥
2 14 26 38 50 62 74 巳
3 15 27 39 51 63 75 午
4 16 28 40 52 64 76 未
5 17 29 41 53 65 77 申
1 13 25 37 49 61 73 85 辰
6 18 30 42 54 66 78 酉
12 24 36 48 60 72 卯
7 19 31 43 55 67 79 戌
11 23 35 47 59 71 寅
10 22 34 50 46 58 70 丑
9 21 33 45 57 69 子
8 20 32 44 56 68 80 亥
小限
寅午戌辰
取一歲
男順女逆

8.起紫微星：局除生日，寅宮起商，落宮安紫。

(一)能整除時：以所得商數，自寅宮順數，數盡安紫微。

(二)不能整除：將被除數加到能整除（除盡），單退雙進：

商數是單數時：數完商數後，退位達所加之數的宮位，佈紫微星。

商數是雙數時：數完商數後，進位達所加之數的宮位，佈紫微星。

規則(一)木三局，17日生：

17除以3，除不盡，17加1等於18，18除以3得商為6，自寅宮數至未宮，將商6數盡，再退一宮為「午宮」，可佈入紫微星。

其圖示如下：

規則(二)木三局，25日生：

25除以3，除不盡，25加2等於27，27除以3得商為9，自寅宮數至戌宮、將9數盡，再進二宮（因單退雙進）為「子」宮，可佈入紫微星。其圖示如下：

規則㈢木三局，3日生：

3除以3，除盡後商數1，故在「寅宮」不動。其圖示如下：

規則㈣木三局，2日生：

2加1可被3除盡，得商數為1，在寅宮不必數，但加1則要自寅後退一宮至「丑宮」，佈入紫微星。其圖示如下：

規則㈤火六局，2日生：

2加4可被6除盡，得商數為1，在寅宮不動，但加4為雙數，故要再進4宮，到「午」宮佈入紫微星。其圖示如下：

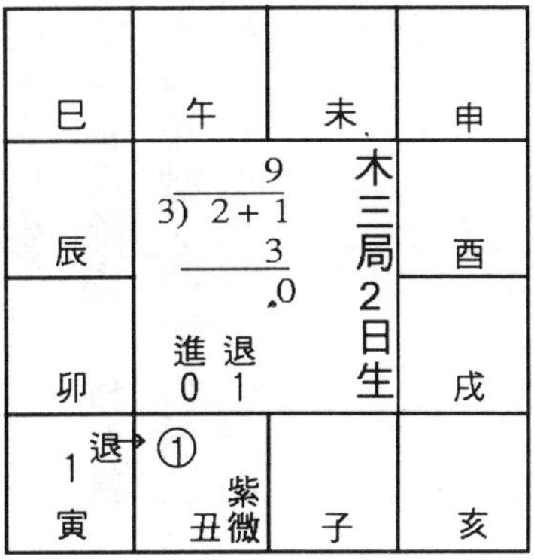

規則㈥火六局，9日生：

9加3可被6除盡，得商數為2，故自寅宮順進2到「卯」宮後，因加3為單數，故要再退三宮到「子」宮，佈入紫微星，其圖示如下：

規則(七)土五局，9日生：

9加1可被5除盡，得商數為2，故自寅宮進2宮後要退一宮，又回到「寅宮」佈入紫微星。其圖示如下：

9.佈紫微星系諸星：確定「紫微星」宮位後，要逆佈紫微星系的其餘五顆星，其口訣如下：

紫微逆行天機宮，隔宮太陽武天同，天同空二廉貞宮。

例如：民國91年9月2日生，水二局，陽男。2可被2除盡，得商數1，故紫微星在「寅」宮起佈。其圖示如下：

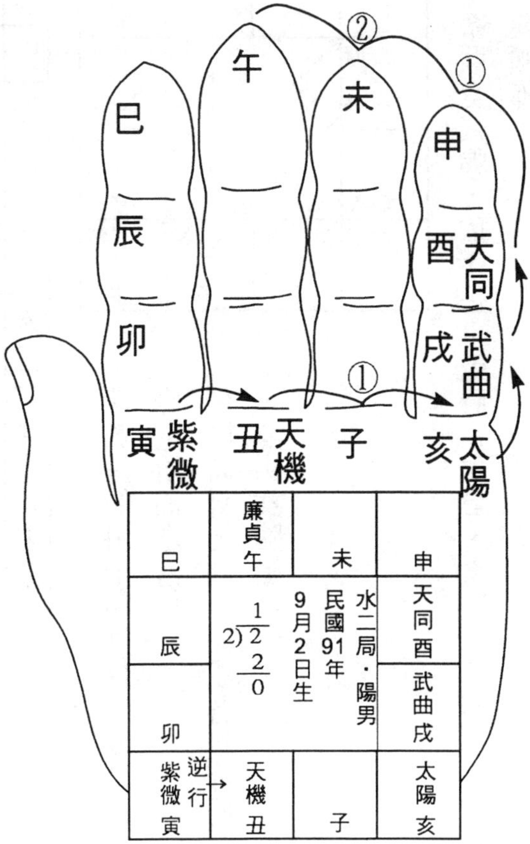
②
①
巳
午
未
申
辰
酉
天同
卯
戌
武曲
①
寅
紫微
丑
天機
子
亥
太陽
廉貞
午
巳
未
申
辰
天同
酉
水二局·陽男
民國91年
9月2日生
$2\overline{)2}$ 1 2 0
卯
武曲
戌
紫微
寅
逆行
天機
丑
子
太陽
亥

10.佈天府星系諸星：天府星系共有八顆星。天府星與紫微星互為「斜對角線」關係，但在「寅申」則同宮，詳如下表：

紫微	子	丑	寅	卯	辰	巳	午	未	申	酉	戌	亥
天府	辰	卯	寅	丑	子	亥	戌	酉	申	未	午	巳

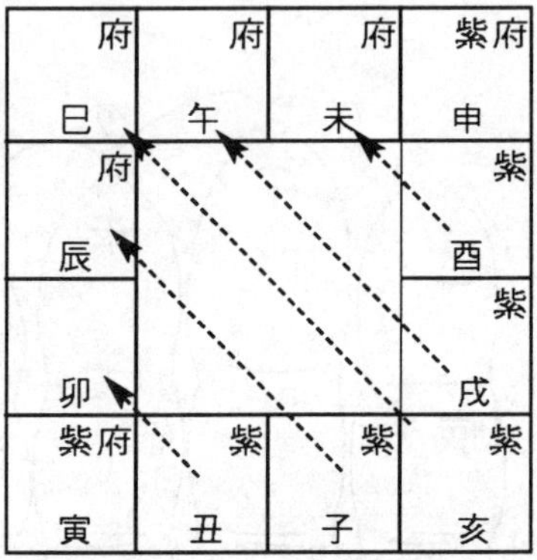

1.紫微星的斜上角宮位，就是天府星所泊之宮位。

2.依順時針方向，完成各星佈局，無男女陰陽之分。

天府星系共有八顆，依序是：天府、太陰、貪狼、巨門、天相、天梁、七殺、破軍。要順佈。

口訣：府陰貪狼巨相梁，七殺空三是破軍。

例如：同前例，若紫微星在寅宮不動，則天府星也是同宮。其排佈方式如下圖：

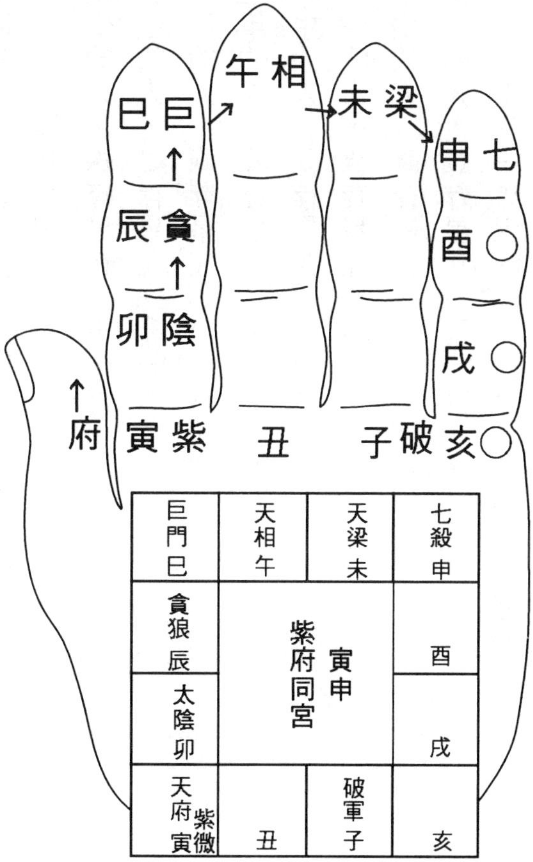
巳 巨
午 相
未 梁
申 七
辰 貪
酉
卯 陰
戌
府
寅 紫
丑
子 破
亥
巨門巳
天相午
天梁未
七殺申
貪狼辰
紫府同宮
寅申
酉
太陰卯
戌
天府寅
紫微
丑
破軍子
亥

11.排「年干星系」法：

年干九星：祿存、羊刃、陀羅、天魁、天鉞、化祿、化權、化科、化忌。

㈠祿存星口訣：「甲寅乙卯丙戊巳，丁己午，庚辛壬癸，申酉亥子。」分釋其情如下：

甲年出生的人，祿存星在「寅」宮。

乙年出生的人，祿存星在「卯」宮。

丙、戊年的人，祿存星在「巳」宮。

丁、己年的人，祿存星在「午」宮。

庚年出生的人，祿存星在「申」宮。

辛年出生的人，祿存星在「酉」宮。

壬年出生的人，祿存星在「亥」宮。

癸年出生的人，祿存星在「子」宮。

同前例，「壬午」年生的人，祿存星在「亥」宮。

㈡羊刃、陀羅排法：為前羊後陀，祿存居中。羊刃前順，陀羅後逆。即將羊刃佈在祿存星之前一宮。

㈢天魁、天鉞排法：為前魁後鉞，年干貴人定。即天魁佈在天乙貴人「干」的前一個天干所在宮位，而天鉞則佈在貴人「干」的後一個天干字所在宮位。

天乙貴人歌：

甲戊庚「丑未」，（甲戊庚年人，天魁在丑天鉞未）。

乙己「子申」鄉，（乙己年生人，天魁在子天鉞申）。

丙丁「亥酉」位，（丙丁年生人，天魁在亥天鉞酉）。

壬癸「卯巳」藏，（壬癸年生人，天魁在卯天鉞巳）。

辛逢「午寅」人。（辛年生人，天魁在午天鉞在寅）。

同前例：壬午年生人，其㈠㈡㈢之圖示如下：

口訣：前羊後陀祿存中，
　　前魁後鉞貴人干。

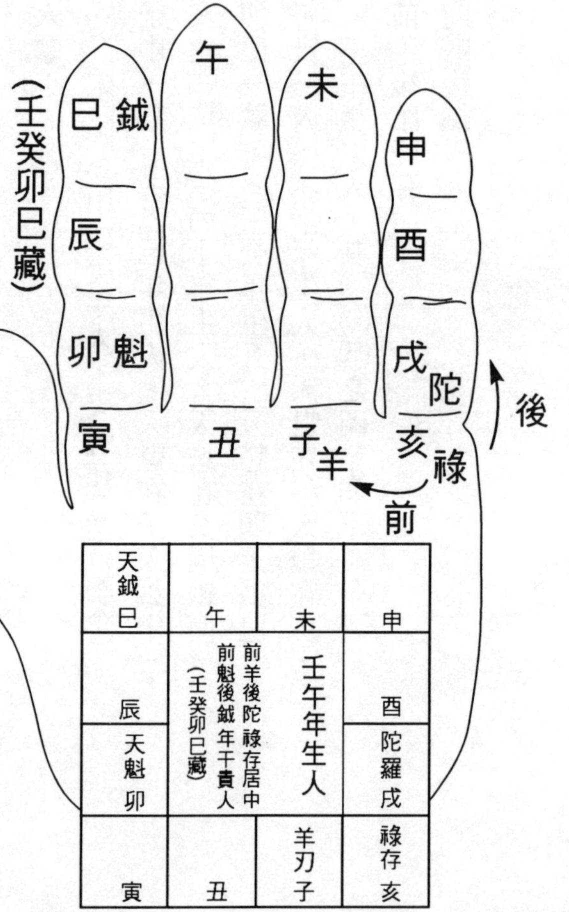

(壬癸卯巳藏)
午
未
巳
鉞
申
辰
酉
卯
魁
戌
陀
後
寅
丑
子
羊
亥
祿
前
天鉞巳
午
未
申
辰
前羊後陀祿存居中
前魁後鉞年干貴人
(壬癸卯巳藏)
壬午年生人
酉
天魁卯
陀羅戌
寅
丑
羊刃子
祿存亥

㈣祿權科忌，四化口訣：先依年干定「四化」，再佈四化於所屬星辰下。

例如前例：壬午年生人的四化口訣為：壬梁紫左武。

其圖示如下：

天干／四化	祿	權	科	忌	心象記憶法
甲	廉	破	武	陽	價廉剖五羊
乙	機	梁	紫	陰	已飢兩子咽
丙	同	機	昌	廉	病童飢蒼臉
丁	陰	同	機	巨	丁因同飢劇
戊	貪	陰	右	機	吾貪因幼飢
己	武	貪	梁	曲	急舞踏兩曲
庚	陽	武	陰	同	跟羊舞藝同
辛	巨	陽	曲	昌	心懼洋曲唱
壬	梁	紫	左	武	任娘執著舞
癸	破	巨	陰	貪	虧破具因貪

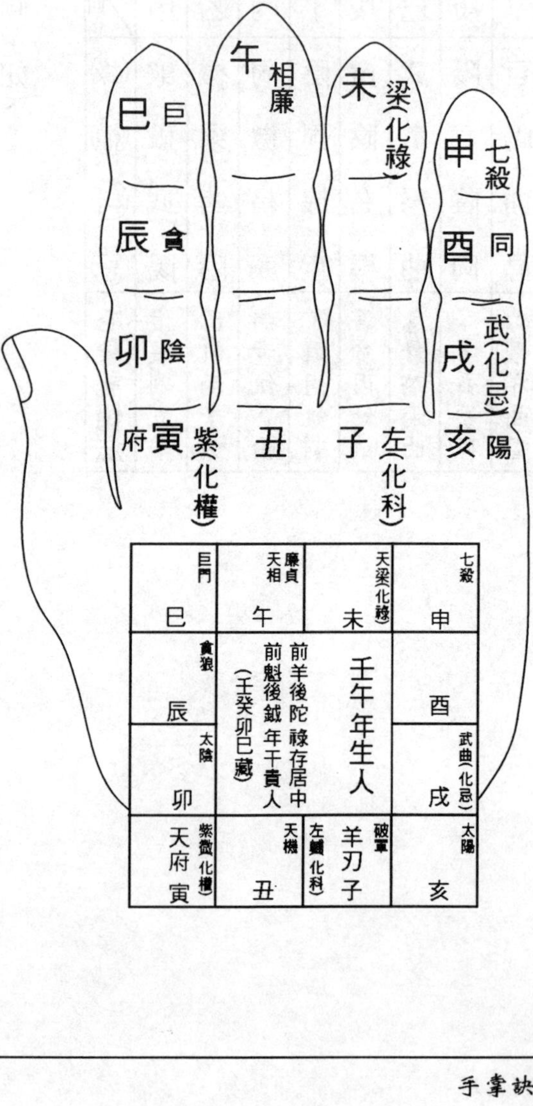
巳 巨
午 相廉
未 梁(化祿)
申 七殺
辰 貪
酉 同
卯 陰
戌 武(化忌)
府 寅 紫(化權)
丑
子 左(化科)
亥 陽
巨門 巳
廉貞 天相 午
天梁(化祿) 未
七殺 申
貪狼 辰
壬午年生人
前羊後陀祿存居中
前魁後鉞年干貴人
(壬癸卯巳藏)
酉
太陰 卯
武曲(化忌) 戌
紫微(化權) 天府 寅
天機 丑
左輔(化科) 羊刃 子
破軍
太陽 亥

12.排「午支星系」法：

年支九星：紅鸞、天喜、天馬、龍池、鳳閣、咸池、破碎、孤辰、寡宿。

㈠紅鸞卯逆，天喜對應：即排紅鸞星自「卯」宮起地支「子」、逆數至年支所泊宮位佈入。而天喜則佈在對沖之宮位。

例如前例，壬午年生人，年支為「午」，故自「卯」宮起「子」後，要逆數到「午」支為止，由掌上掐指算去：子卯、丑寅、寅丑、卯子、辰亥、巳戌、午酉，故地支落在「酉」宮，佈入紅鸞星，同時在對沖宮「卯宮」佈入天喜星。其圖示如下：

口訣：「紅鸞卯逆喜對沖。」

㈡天馬起寅，逆行四馬，支止佈馬：即自「寅宮」起「子」，逆數「四馬之地」，數到年支所在宮位止，佈入天馬星（寅→亥→申→巳循環數）。

例如前例，壬午年生人，自「寅」宮起子，逆數至「申」宮得「午」支，佈入天馬星，其圖示如下：

口訣：「天馬寅亥申巳逆。」

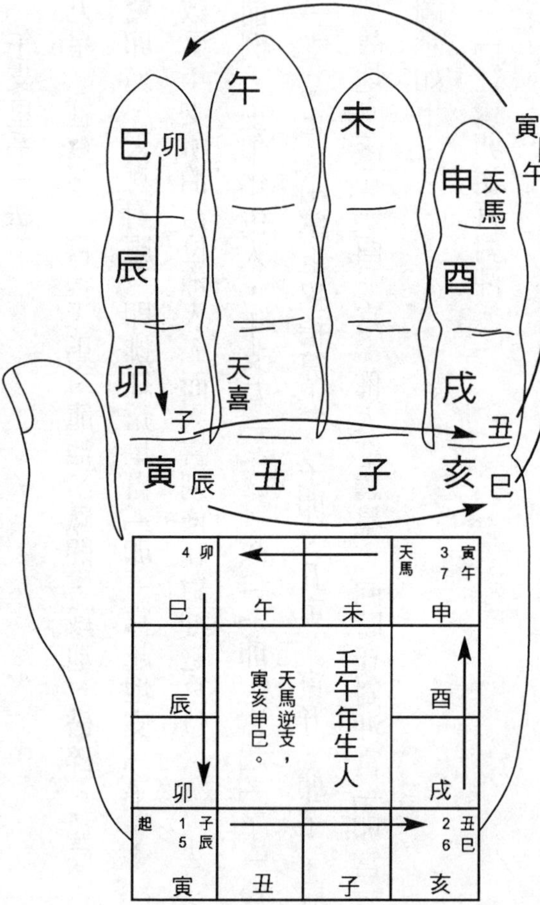

(三)龍池辰順，鳳閣戌逆：即龍池星要自「辰」宮起「子」順數至年支；鳳閣星自「戌」宮起「子」逆數至年支。同前例，壬午年生人，其圖示如下。　口訣：「龍池辰順鳳戌逆。」

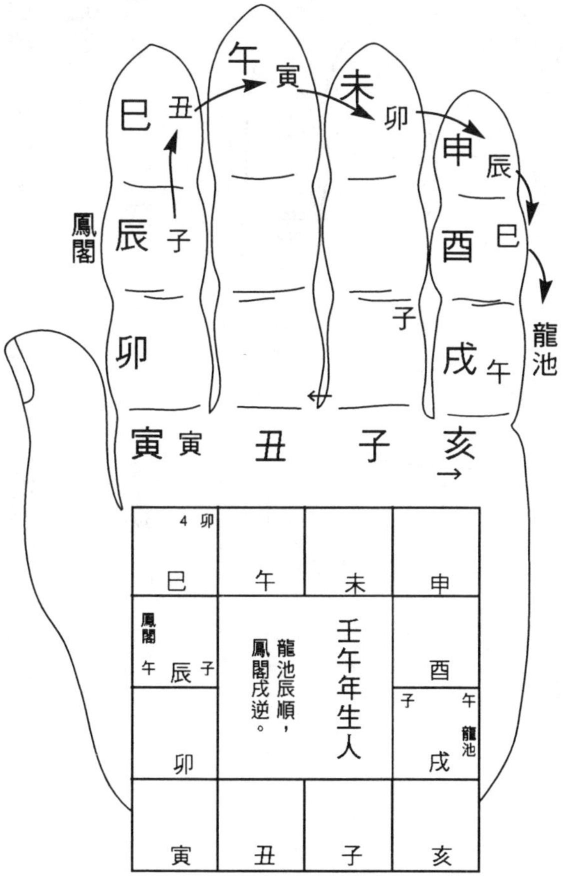

㈣咸池桃花煞，逆行四敗之地（酉↓午↓卯↓子），自「酉」宮起「子」支，逆數生年之支，數盡則佈入「咸池星」。同前例，自「酉」宮起「子」逆數至干。

其圖示如下。　口訣：「咸池酉午卯子逆。」

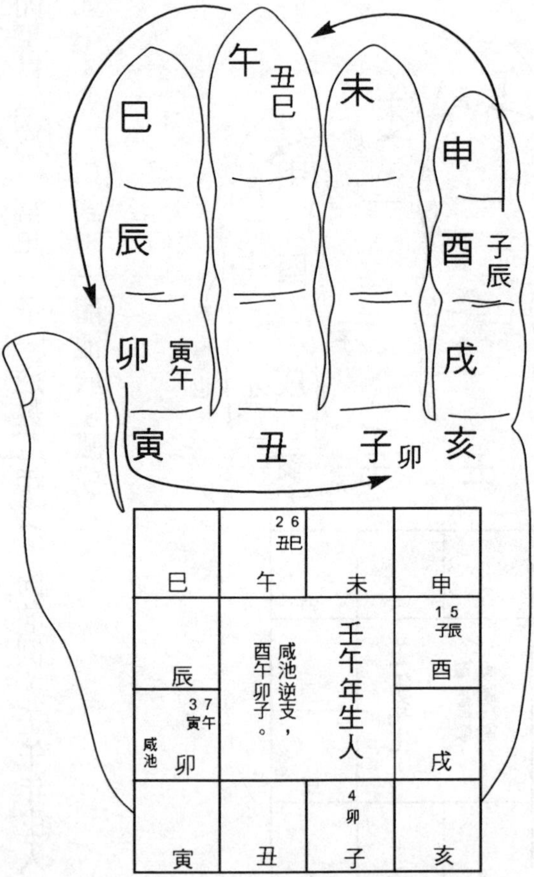

㈤破碎逆支巳酉丑：即以「年支」在「巳酉丑」三宮循環數，自「巳宮」起數「子」，直數到「年支」為止，即佈入「破碎星」。同前例，壬午年生人，自「巳」宮起「子」，數「巳酉丑」三循環，數到「巳宮」數盡得「午」，佈入破碎星。其圖示如下：

口訣：破碎逆巳走三合。

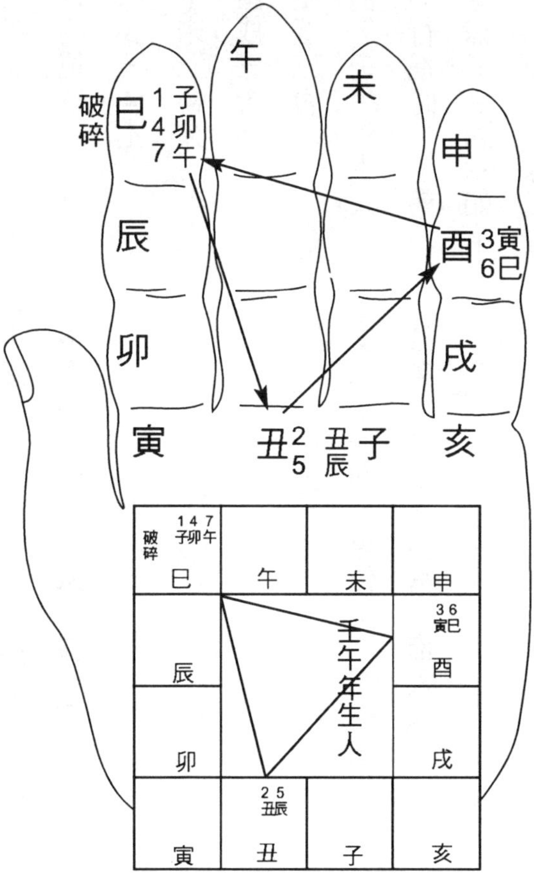

㈥孤辰在前，寡宿在後：以年支定「三會」，在地盤支「三會」順行的位置，前宮佈孤，後宮佈寡宿。地支三會局如下：

寅卯辰三會木

巳午未三會火

申酉戌三會金

亥子丑三會水

同前例，壬午年生人，其年支「午」的三會位置；在「巳午未」三宮，依順時針方向行進時，未前巳後，故在未前之「申宮」佈入孤辰，在巳後之「辰宮」佈入寡宿。其圖示如下：

口訣：「前孤後寡三會左。」

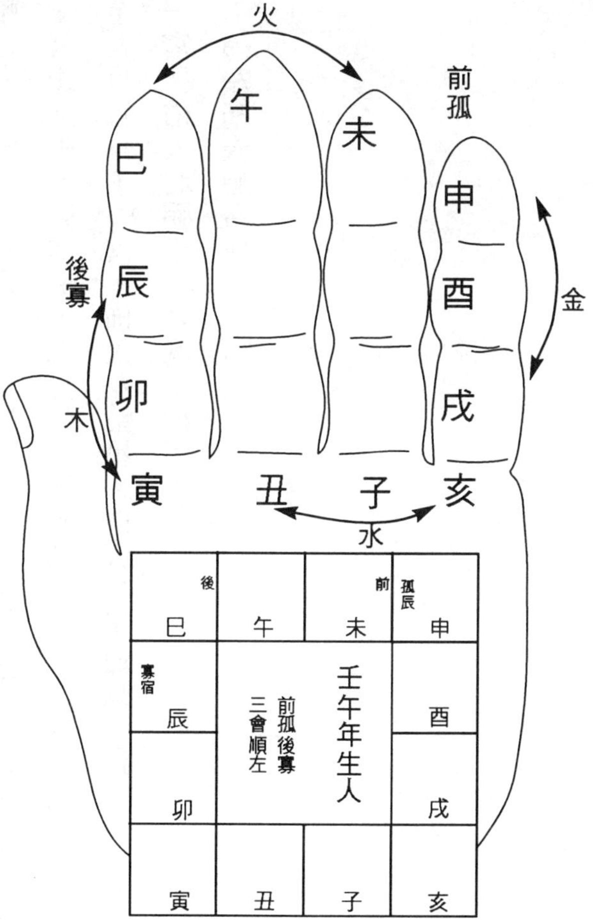
火
午
巳
未
前孤
申
後寡
辰
酉
金
卯
戌
木
寅
丑
子
亥
水
後
巳
午
前
未
孤辰
申
寡宿
辰
壬午年生人
前孤後寡
三會順左
酉
卯
戌
寅
丑
子
亥

13.排「月系星」，左輔、右弼、天姚、天刑、陰煞、天巫、天月之方法：

㈠左輔辰順數，右弼戌逆求：即以出生的月份「數字」或「地支」為主，左輔自「辰」宮起順數、數至所月份數字或地支即得泊宮，右弼則自「戌」宮起逆數。同前例，九月生，地支為「戌」，自辰宮起順數一月，數至九月為「子」宮，佈入左輔星。自戌宮起逆數一丑，數至九月為「寅」宮，佈入右弼星。其圖示如下：

口訣：「左輔辰順右戌逆。」

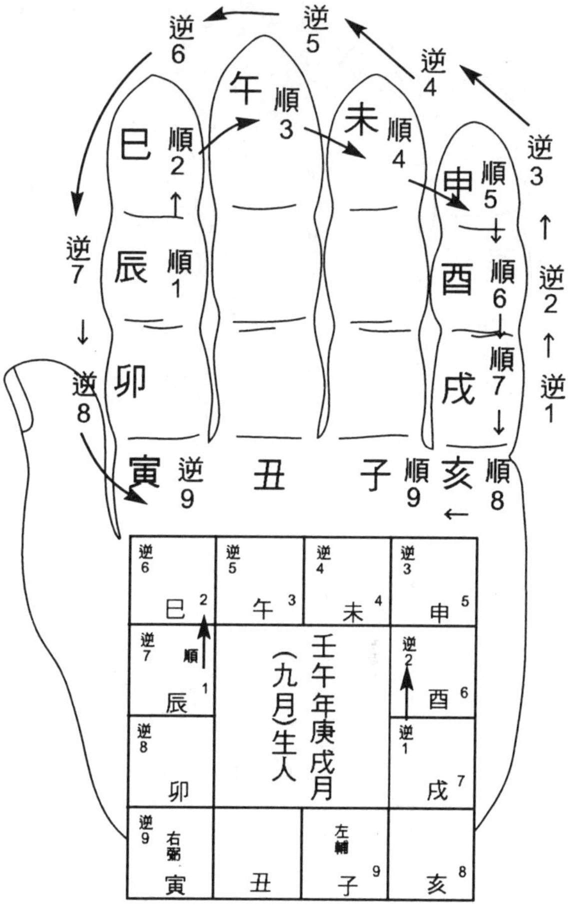
逆6
逆5
逆4
逆3
逆2
逆1
逆7
逆8
逆9
巳 順2
午 順3
未 順4
申 順5
辰 順1
酉 順6
卯
戌 順7
寅
丑
子 順9
亥 順8
壬午年庚戌月(九月)生人
右弼
左輔

㈡天姚丑順，天刑酉順：天姚星自丑宮起數所生月份，天刑星自酉宮起數所生月份，都是順數，其法同前。例如九月份出生的人，天姚丑數，天刑酉數。其圖示如下：

口訣：「天姚月丑刑順酉。」

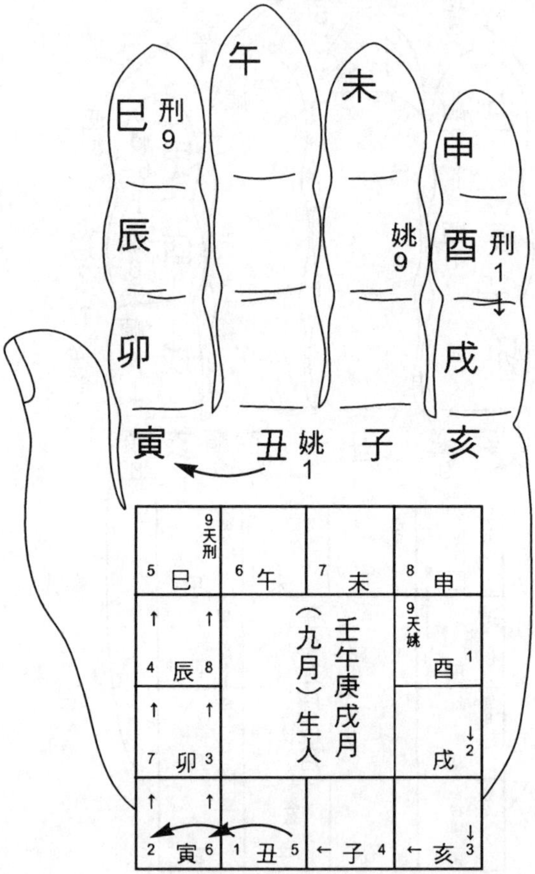

㈢陰煞排法：自寅宮起正月，逆跳隔宮而數，數量生月即佈量。其法為：

寅↓子↓申↓戌↓午↓辰↓寅，一直循環數到所生月份。

如前例，壬午年庚戌（九月）生人，陰煞寅宮起，逆數隔宮跳，數完生月即佈量於「戌」宮，其圖示如下：

口訣：「陰煞寅逆隔宮跳。」

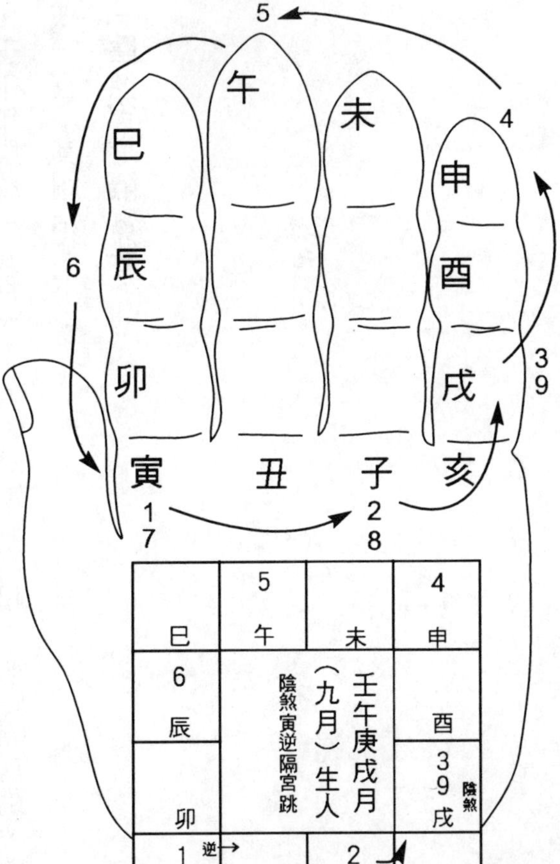

5
午
巳
未
4
申
6
辰
酉
卯
戌
3
9
寅
丑
子
亥
1
7
2
8
壬午庚戌月
（九月）生人
陰煞寅逆隔宮跳
陰煞
逆

㈣天巫排法：自「巳」宮起正月，生月的循行方式有如英文字母（Z）字形，不斷重覆Z字，直到數量生月為止，洎入天巫星。同前例，九月份出生的天巫星佈「巳」宮。其圖如下：一、五、九月在巳宮。

口訣：「天巫自巳走Z道。」

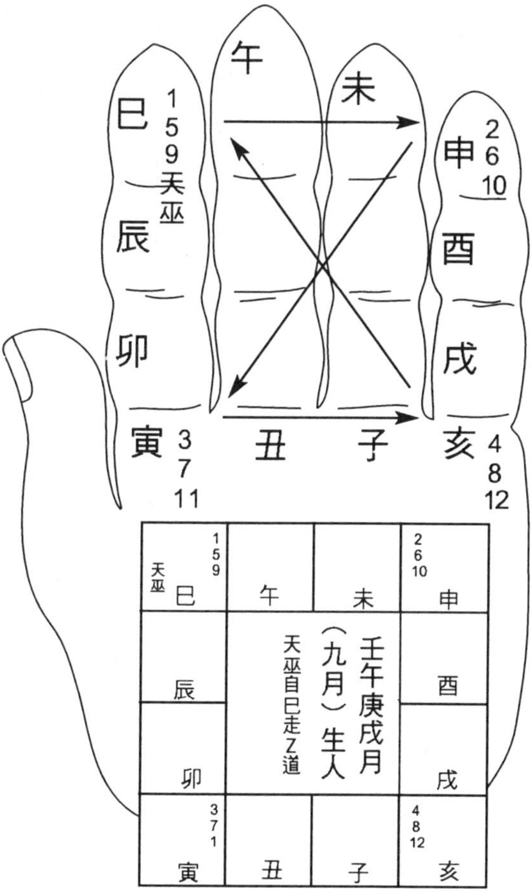

㈤天月排法：依「生月」所在宮位佈天月星，各月宮位分舉如下：

一月十一月在戌宮（一由子數到戌為十一宮）。

二月在巳宮、三月在辰宮、六月在卯宮（巳辰卯）。

四、九、十二月在寅宮（四九銀心丑角配）。

五月八月在未宮（五味八珍都入胃）

七月在亥宮（二七同道、巳亥沖）。

十月在午宮（二五得十夾午宮）

無規則，要強記。

其圖示如下：

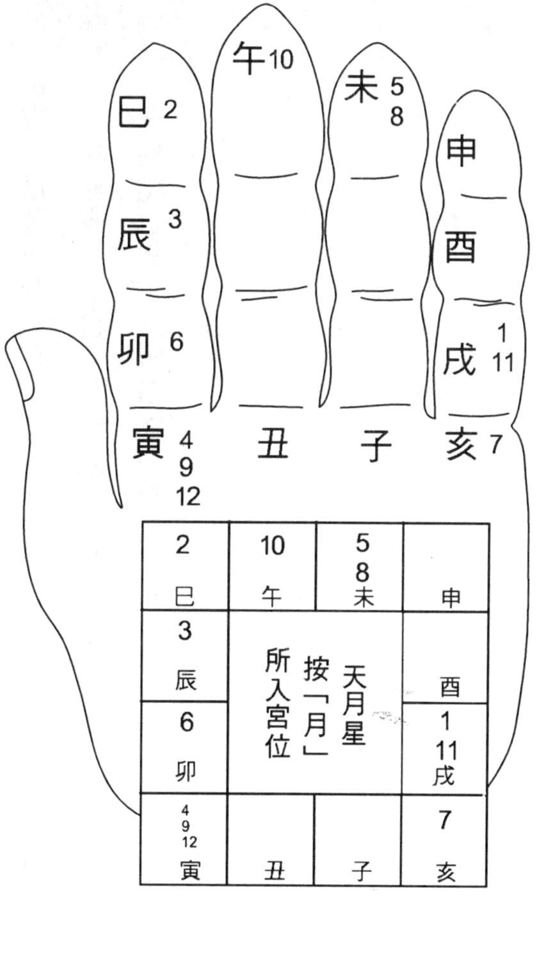
午 10
巳 2
未 5 8
申
辰 3
酉
卯 6
戌 1 11
寅 4 9 12
丑
子
亥 7
2 巳
10 午
5 8 未
申
3 辰
按「月」所入宮位
天月星
酉
6 卯
1 11 戌
4 9 12 寅
丑
子
7 亥

14.排「日系星」，三台、八座之方法：

三台自命盤上的「左輔」星順數生日，數完生日泊星，八座自「右弼」所在宮位逆數，數完生日佈星。同前例：壬午年庚戌月初二日丙辰時生，左輔星在「子」宮，順數二日為「丑」宮，佈入三台星。右弼星在「寅」宮，逆數二日為「丑」宮，故形成「三台八座」同宮。其圖示如下：

口訣：「三台左輔順日數，八座右弼逆推求。」

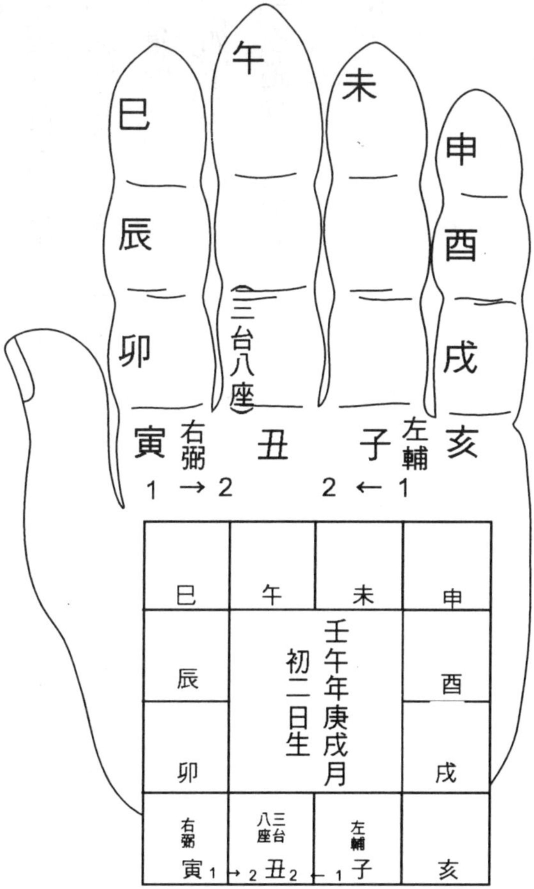

巳
午
未
申
辰
酉
三台八座
卯
戌
寅
右弼
丑
子
左輔
亥
1 → 2
2 ← 1
巳
午
未
申
辰
壬午年庚戌月
初二日生
酉
卯
戌
右弼
寅 1 → 2
八座三台
丑 2 ← 1
左輔
子
亥

15.排「時系星」，天空、地劫、文昌、文曲之方法：

(一)紅天空係自亥宮起子，逆數生時，數完佈星。地劫係自亥宮起子，順數生時。同前例：

壬午年庚戌月戊申日丙辰時生人，自「亥」宮起子，逆數生時，至「未」宮得「辰」，佈入「天空」星；順數生時，至「卯」宮得「辰」，佈入「地劫」星。

其圖示如下：

口訣：「空逆劫順亥起時。」

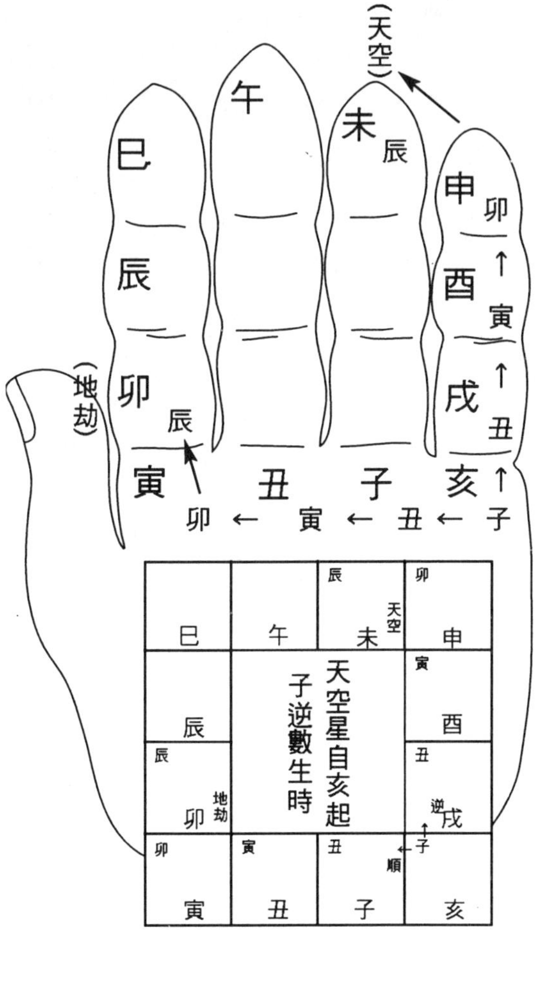
(天空)
巳
午
未
辰
申
卯
辰
酉
寅
(地劫)
卯
辰
戌
丑
寅
丑
子
亥
卯 ← 寅 ← 丑 ← 子
天空星自亥起
子逆數生時
順
逆

㈡文昌係自「戌」宮起子，逆數生時；文曲係自「辰」宮起子，順數生時。同前例，辰時生人，自「戌」宮起子逆數至「午」宮得「辰」時宮位，要佈入文昌星。自「辰」宮起子，順數生時，至「申」宮得「辰」時宮位，可佈入文曲星。其圖示如下：

口訣：「文昌戌逆曲辰順。」

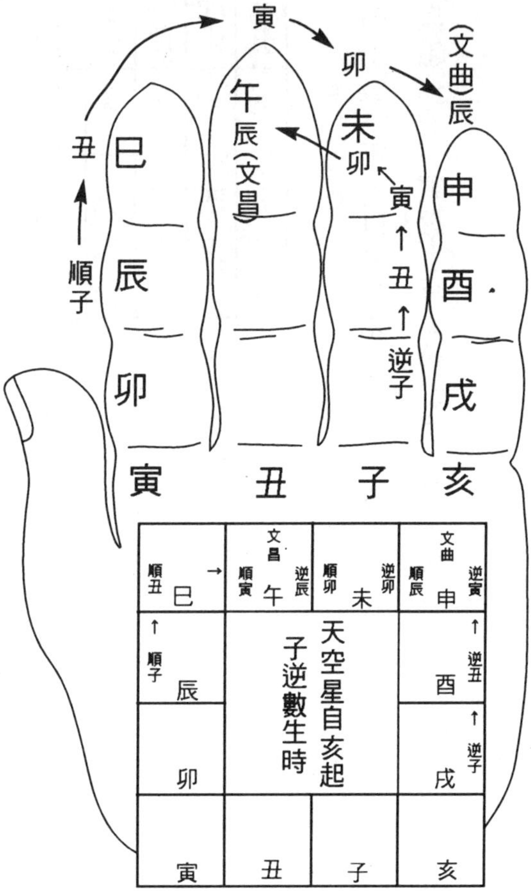
寅
卯
(文曲)辰
丑
巳
午
辰(文昌)
未
卯
寅
申
順子
辰
丑
酉
逆子
卯
戌
寅
丑
子
亥
文昌
文曲
順丑
巳
順寅
午
逆辰
順卯
未
逆卯
順辰
申
逆寅
順子
辰
天空星自亥起
子逆數生時
逆丑
酉
卯
逆子
戌
寅
丑
子
亥

16.排「年支加時」星，火星、鈴星之方法：

火鈴皆順數，先依年支定起宮，起宮之規則係依「地支三合」分為四組，依化氣五行來記，詳如下表：

年支	化氣	火子	鈴子
申子辰	水	寅	戌
寅午戌	火	丑	卯
亥卯未	木	酉	戌
巳酉丑	金	卯	戌

例如「申子辰」年、自寅宮起「子」順數生時，數完佈火星，故為「火子」；自戌宮起「子」順數生時，數盡佈鈴星，故稱「鈴子」。其餘類推，同前例。

壬午年庚戌時戊申日丙辰時生人，其年支為「午」屬「寅午戌火丑卯」一組，要自「丑」宮起子，順數生時，至巳宮佈入「火星」，自「卯」宮起子，順數生時，至未宮佈入「鈴星」。其圖示如下：

口訣：「火鈴年支起三合，順行生時到宮泊。」

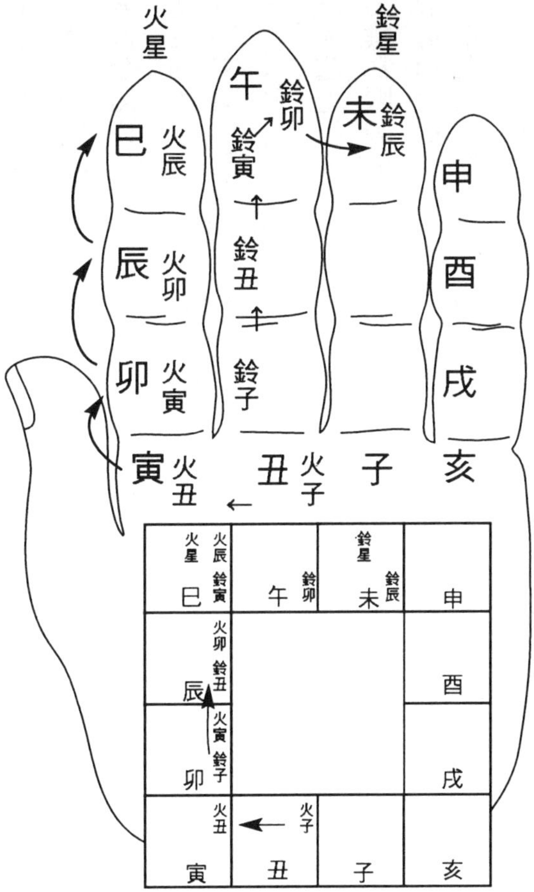

17. 紫微命盤排盤口訣

地盤固定十二宮
出生年干虎遁寅
命宮月令加逆時
身宮月令加順時
命宮逆起兄夫子
五行局支順行數
環繞金水火土木
大限命起五行局
陽男陰女限順佈
小限男順女逆推
寅午戌辰取一歲
申子辰戌一歲取
巳酉丑未取一歲
亥卯未丑一歲取
起紫局除生日算
寅宮起商數盡安

單退雙進不整除
紫微逆行天機宮
隔宮太陽武天同
天同空二廉貞宮
天府對角佈八星
府陰貪狼巨相梁
七殺空三是破軍
羊陀魁鉞祿年干
甲寅乙卯丙戊巳
庚辛壬癸申酉亥（子）
前羊後陀祿存中
前魁後鉞貴人干
紅鸞卯逆喜對沖
天馬寅亥申巳逆
龍池辰順鳳戌逆
咸池酉午卯子逆
破碎逆巳走三合

前孤後寡三會左
右輔辰順右戌逆
天姚月丑刑順酉
陰煞寅逆隔宮跳
天巫自巳走Z道
天月亥戌七十一
二三得六巳辰卯
四九十二在寅角
五味八珍都入未
二五得十夾午好
二七同道巳亥沖
三台左輔順日數
八座右弼送推求
空逆劫順亥起時
文昌戌逆曲辰順
火鈴年支起三合
順行生時到宮泊

申子辰水起寅戌
寅午戌火火丑卯
亥卯未木火酉戌
巳酉丑金火卯戌

十六、奇門遁甲時盤掌訣

奇門遁甲的盤局，在流傳的右籍中約可見到年盤，月盤、日盤、時盤等四種。其中以「時盤」較為一般人所採用，可以說是一門相當實用的學問，古稱：「帝王之學」，茲將其排盤的方法化為掌訣，以便於應用，並將其應用要領及個人研習心得，分述如下：

㈠、時盤形式簡介

茲以「陽九局、庚戌日、辛巳時」為例，介紹其圖示如下：

天盤→　地盤→　六儀→　三奇→　八神↓　紫白飛星←　九星←　八門↑

乙 蛇 八 壬 傷 芮	辛 陰 四 戊 杜 柱	壬 合 六 庚 景 英
己 符 七 辛 生 蓬	癸 　 九 癸 　 沖	戊 陳 二 丙 死 禽
丁 天 三 乙 休 心	丙 地 五 己 開 任	庚 雀 一 丁 驚 輔

（陽九局庚戌日辛巳時盤全圖）

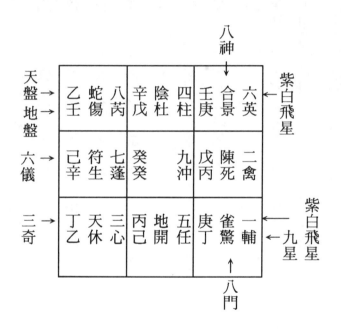

1.九宮飛星：一、二、三、四、五、六、七、八、九（又稱紫白飛星，為洛書數字）。
2.三奇：乙、丙、丁（又稱日、月、星）。
3.六儀：戊、己、庚、辛、壬、癸。
4.八門：休、生、傷、杜、景、死、驚、開。
5.八神：符、蛇、陰、合、陳、雀、地、天。
6.九星：蓬、芮、沖、輔、禽、心、柱、任、英。

㈡、奇門定盤：

奇門時盤的「基本盤」（原始盤），均係固定不變，不論排陽局盤或陰局盤，都要依此盤為基準，茲分舉如下：

1.洛書盤：

依紫白飛星法，將一至九的洛書數，飛佈各宮，其飛佈的順序，陽局與陰局相同，即陽一局則將「一」佈入中宮順飛其餘各數字入宮，陰一局也是將「一」佈入中宮，然後再將其餘各星飛泊八宮，其順飛之情形與陽局同，才是真訣，沒有陽順陰逆的排法。茲列舉其圖示如下：

2.三奇六儀基本盤：

自一白坎水的「坎宮」（北方）起始，排入「戊」儀，然後依「飛星法」，飛佈其餘「五儀」入各宮。其圖示如下：陽局和陰局佈法不同，陽局為順儀逆奇。

陽一局

九	五	七
八	一	三
四	六	二

陽二局

一	六	八
九	二	四
五	七	三

陽三局

二	七	九
一	三	五
六	八	四

陽四局

三	八	一
二	四	六
七	九	五

陽五局

四	九	二
三	五	七
八	一	六

陽六局

五	一	三
四	六	八
九	二	七

陽七局

六	二	四
五	七	九
一	三	八

陽八局

七	三	五
六	八	一
二	四	九

陽九局

八	四	六
七	九	二
三	五	一

陽局順序：戊、己、庚、辛、壬、癸、丁、丙、乙。

陰局順序：戊、乙、丙、丁、癸、壬、辛、庚、己。

	東南	南	西南	
	辛 四綠巽木	乙 九紫離火	己 二黑坤土	
東	庚 三碧震木	壬 五黃中土	丁 七赤兌金	西
	丙 八白艮土	戊 一白坎水	癸 六白乾金	
	東北	北	西北	

（陽局）
（三奇六儀基本盤圖）

丁	己	乙
丙	癸	辛
庚	戊	壬

（陰局）
（三奇六基本盤圖）

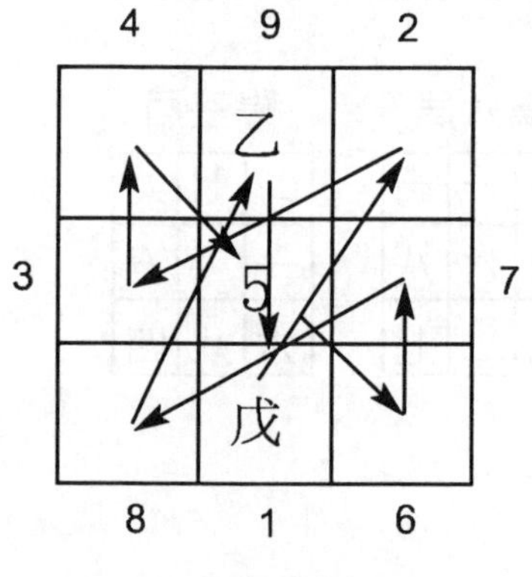

（飛星路線圖）

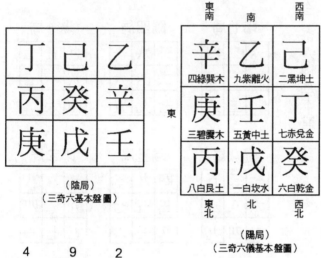

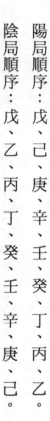

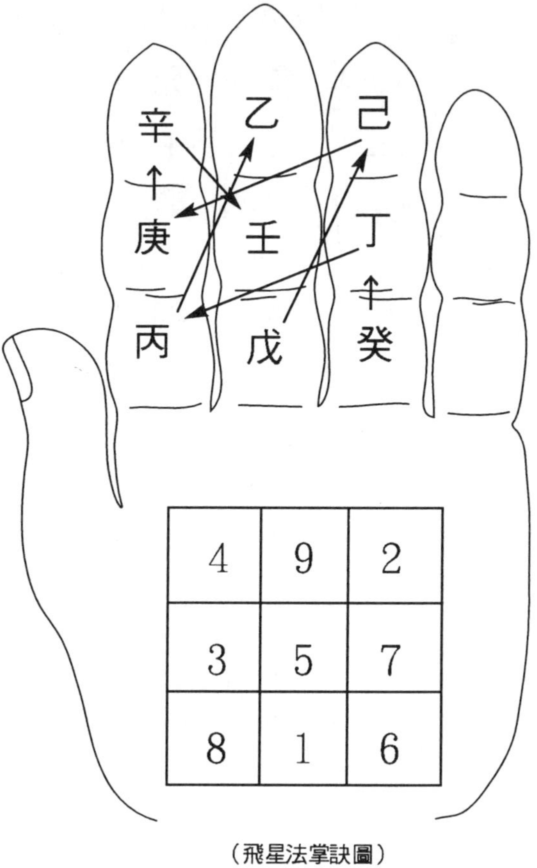

（飛星法掌訣圖）

3.八門基本盤：

自一白坎宮起佈「休門」，然後以其五行屬性，分佈在後天八卦各宮位、順行繞一圈。陽局和陰局均相同。其圖示如下：

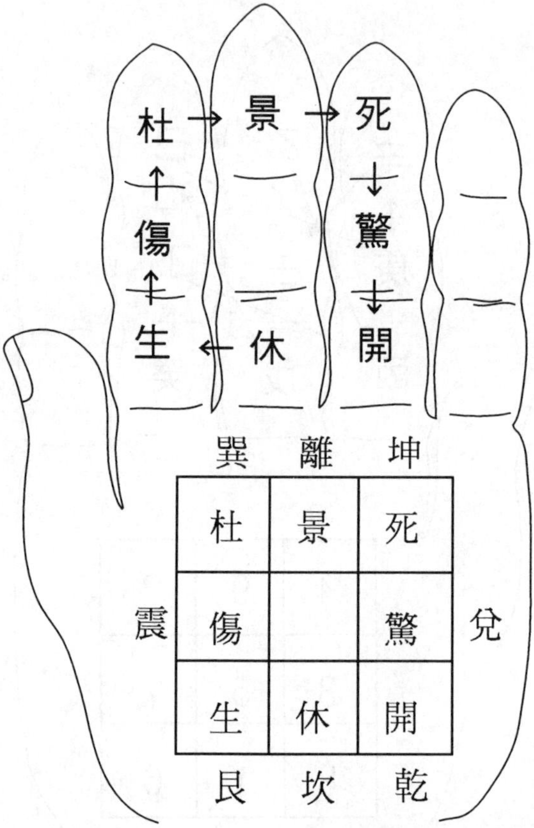

（八門基本盤掌訣圖）

4.九星基本盤：

自一白坎宮，依「飛星法」佈入天蓬星，然後分佈其各星，陽局和陰局相同。若陽遁順佈，陰遁逆佈的結果，同一個時辰，不會出現兩組相反或不同的剋應事象，若有兩個不一樣的話，其中一個是假的，不合理則，所以是偽訣。

其圖示如下：

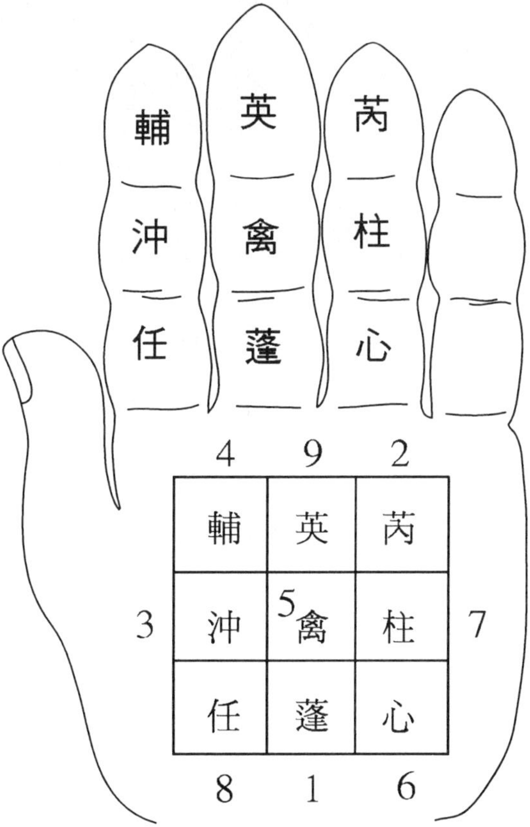

（九星基本盤掌訣圖）

5.八神基本盤：

自一白坎宮起佈「直符」後，佈法和「八門」的循行路線一樣，繞一圈佈入其餘各星，但陽局和陰局不太一樣：

陽遁：符、蛇、陰、合、陳、雀、地、天。

陰遁：符、天、地、雀、陳、合、陰、蛇。

其圖示如下：

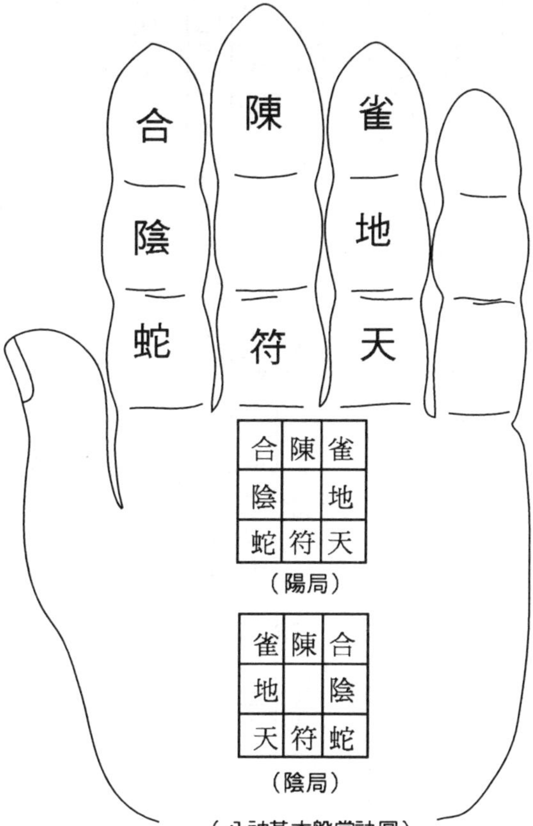

（八神基本盤掌訣圖）

㈢、奇門時盤排法

1.排地盤：先從通書查出該日的陰陽局數，依「飛星法」將「三奇六儀」循前述方法，分別飛泊各宮位，陽順陰逆（陽局順儀逆奇，陰局逆儀順奇）：

a陽局：一、二、三、四、五、六、七、八、九。

戊、己、庚、辛、壬、癸、丁、丙、乙。

其圖示如下：

陽一局

辛	乙	己
庚	壬	丁
丙	戊	癸

戊在坎一宮順佈

陽二局

庚	丙	戊
己	辛	癸
丁	乙	壬

戊在坤二宮順佈

陽三局

己	丁	乙
戊	庚	壬
癸	丙	辛

戊在震三宮順佈

陽四局

戊	癸	丙
乙	己	辛
任	丁	庚

戊在巽四宮順佈

陽五局

乙	壬	丁
丙	戊	庚
辛	癸	己

戊在中宮順佈

陽六局

丙	辛	癸
丁	乙	乙
庚	壬	戊

戊在乾六宮順佈

陽七局

丁	庚	壬
癸	丙	戊
己	辛	乙

戊在兌七宮順佈

陽八局

癸	己	辛
壬	丁	乙
戊	庚	丙

戊在艮八宮順佈

陽九局

壬	戊	庚
辛	癸	丙
乙	己	丁

戊在離九宮順佈

b陰局：九、八、七、六、五、四、三、二、一。

戊、乙、丙、丁、癸、壬、辛、庚、己。

其圖示如下：

陰一局

癸	戊	丙
丁	壬	庚
己	乙	辛

戊在離九宮逆佈

陰二局

壬	乙	丁
癸	辛	己
戊	丙	庚

戊在艮八宮逆佈

陰三局

辛	丙	癸
壬	庚	戊
乙	丁	己

戊在兌七宮逆佈

陰四局

庚	丁	壬
辛	己	乙
丙	癸	戊

戊在乾六宮逆佈

陰五局

己	癸	辛
庚	戊	丙
丁	壬	乙

戊在中宮逆佈

陰六局

戊	壬	庚
己	乙	丁
癸	辛	丙

戊在巽四宮逆佈

陰七局

乙	辛	己
戊	丙	癸
壬	庚	丁

戊在震三宮逆佈

陰八局

丙	庚	戊
乙	丁	壬
辛	己	癸

戊在坤二宮逆佈

陰九局

丁	己	乙
丙	癸	辛
庚	戊	壬

戊在坎一宮逆佈

2.排天盤：將時辰干支的「符首」查出，佈在地盤的「時干」上面，順佈繞一圈完成。

a 符首查法：依當日時之干支查表，看其在何「旬」之欄位內，再看其干支屬於何「符首」，再加以確認。其「干支符首表」如下：

旬首	旬									符首
甲子	乙丑	丙寅	丁卯	戊辰	己巳	庚午	辛未	壬申	癸酉	戊
甲戌	乙亥	丙子	丁丑	戊寅	己卯	庚辰	辛巳	壬午	癸未	己
甲申	乙酉	丙戌	丁亥	戊子	己丑	庚寅	辛卯	壬辰	癸巳	庚
甲午	乙未	丙申	丁酉	戊戌	巳亥	庚子	辛丑	壬寅	癸卯	辛
甲辰	乙巳	丙午	丁未	戊申	己酉	庚戌	辛亥	壬子	癸丑	壬
甲寅	乙卯	丙辰	丁巳	戊午	己未	庚申	辛酉	壬戌	癸亥	癸

句首及符首之推算口訣為：

子藏戊、寅藏癸、辰藏壬、午藏辛、申藏庚、戌藏己。

或可記成：植物需急生根，無心承認盈虧。

子、戌、申、午、辰、寅，

戊、己、庚、辛、壬、癸。

其掌訣圖示如下：

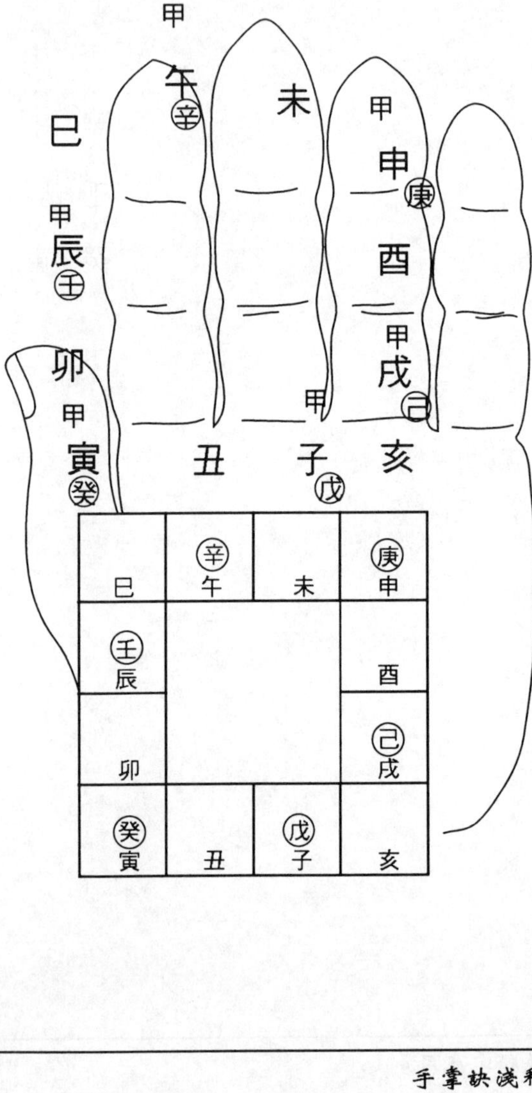

此外，亦可做如下之推算求符首：

例如：甲子旬：自「子」位起始，以「甲」代入數至「癸」為「酉位」，再跳兩宮、數至「子戊」故知甲子旬之符首為「戊」。

其掌訣圖示如下：

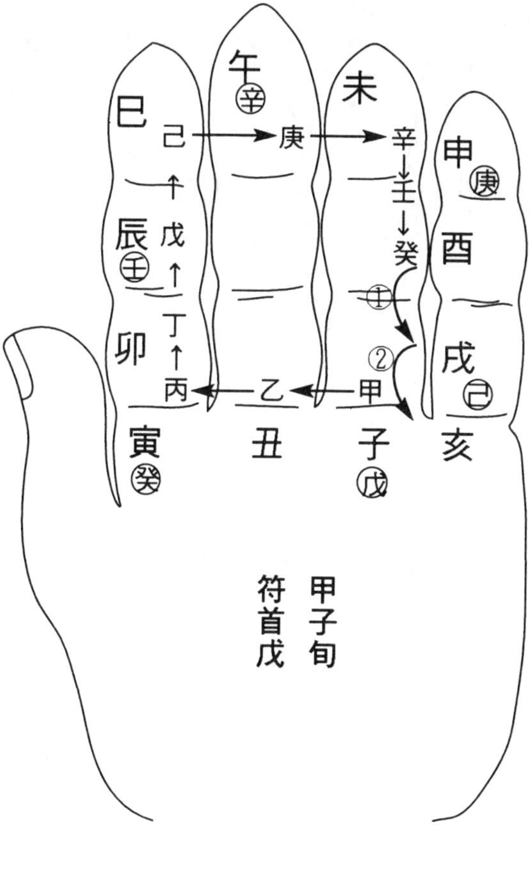

又五子句掌訣如下：把地支「子」代入天干逆數至所用之「支」。例如求「庚寅」所屬的「五子句」。則把「庚」當做「子」起逆數至「寅」、即知為「戊子句」。其圖示如下：

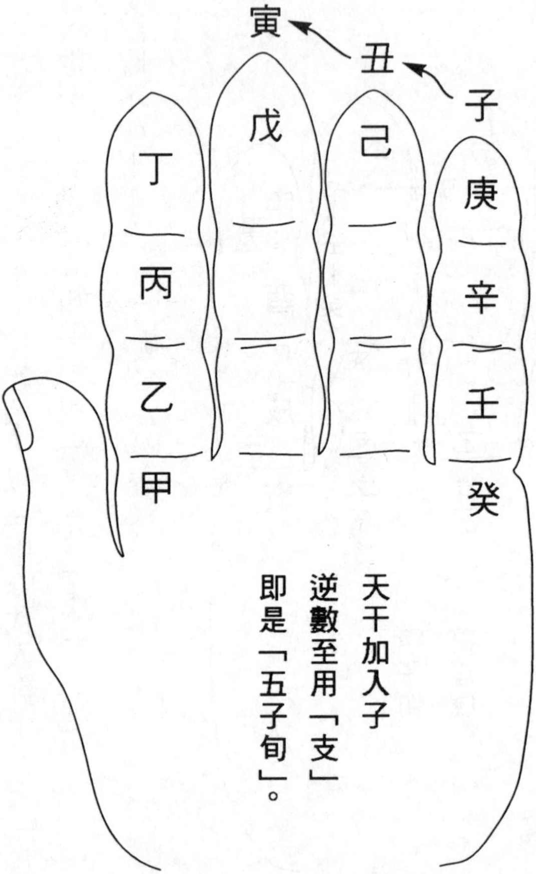

b天盤首字：茲以「陽九局庚戌日辛巳時」為例：

「辛巳」時屬於表中的「甲戌」旬，其符首為「己」，故將「己」佈在地盤時干「辛」字上（震宮）完成排地盤的第一步。

c再看陽九局的地盤「己」（也是符首）在坎宮，順時針方向的艮宮地盤為「乙」，其次震宮為「辛」，離宮的「戊」，如是繞一圈的順序如下：

壬	戊	庚
辛	癸	丙
乙	己	丁

（陽九局地盤走勢圖）

己↓乙↓辛↓壬↓戊↓庚↓丙↓丁。癸在中宮不動。若符首在「中宮」時，借坤宮之奇儀及原始八門（死門）佈入所得之宮位內。

所以，天盤排法就依此順序循環繞一圈排成，不像地盤用「飛星法」，其圖示如下：

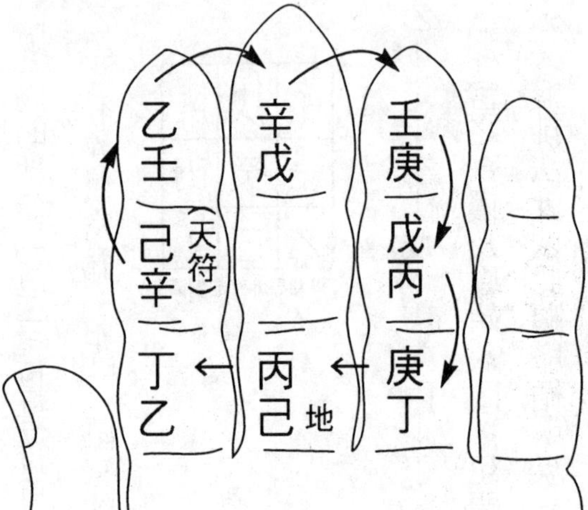

乙	辛	壬
己	癸	戊
丁	丙	庚

（天盤）
（天盤排法掌訣圖）

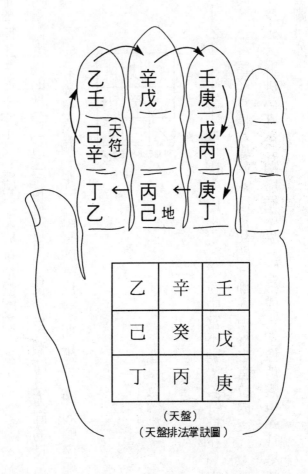

3.排八門：

a先依盤中，地盤符首所在的宮位來決定「八門」原始宮位。例如，地盤符首在「坎宮」，則原始八門為「一休」，地盤符首在巽宮，則原始八門為「四杜」。原始八門之圖如下：

四杜	九景	二死
三傷		七驚
八生	一休	六開

（原始八門圖）

b將查得之「原始八門」數，代入該日所屬之「旬」支，順數至該日之「時支」，以其最終所得之「數字」定「宮位」，再於該宮位佈入八門的第一個字，然後順佈一圈完成。

c例如：陽九局，庚戌日，辛巳時，排法如下：

①辛巳時屬於「甲戌」旬，其原始入門為「己」。

②看地盤己在「坎宮」，其原始八門為「一休」，

③將「一休」的「一」代入「戌」的「地支掌訣」中，順數到時支「巳」，得其數為「八」，故要在八「艮」之宮佈入「休門」。其定八門數地支之掌訣，圖示如下：

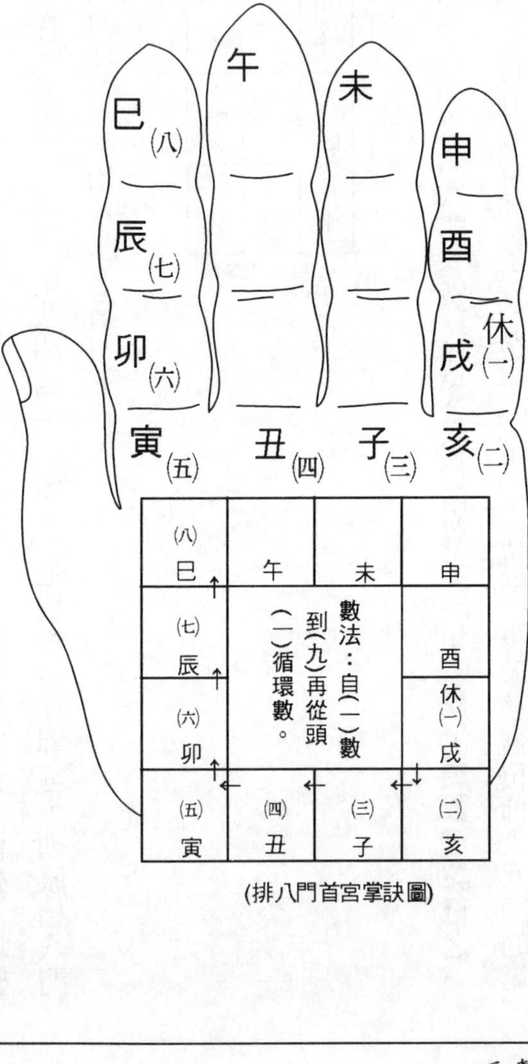

(排八門首宮掌訣圖)

④由上可知，佈「八門」要先由地盤「符首」所在宮位決定「原始八門」所屬及其「數字」。再以原始八門所代表之「數字」，自該時辰所屬之旬首「地支」所在的掌訣位置（宮位）起數「地支」、數到「時支」所在宮位，看其總數是幾，來決定在何宮佈入八門第一個字「休」。第一個字（休門）的宮位決定以後，其餘的八門各個字，就順佈一圈，完成八門佈局。例如前例，已知「休門」應佈入「艮宮」，則其餘順佈的方法是：生在震宮，傷在巽宮，杜在離宮，景在坤宮，死在兌宮，驚在乾宮，開在坎宮。但第一個字不定是「休」。要看地盤符首實際所在宮位，和原始八門基本盤比對結果而定，若在巽宮則為「杜四」。其圖示如下：

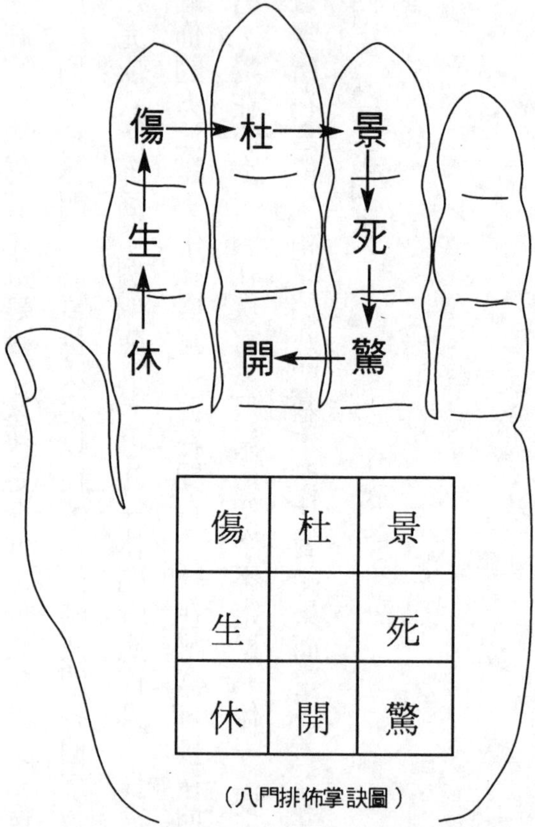

（八門排佈掌訣圖）

4.排九星：

九星排法八門不同，八門是順繞一圈佈入各宮，而九星則依「紫白飛星」排盤之方式，將九星飛泊九宮，其法如下：

a定九星的首宮：首宮是以天盤符首所在宮位為準，例如前例「辛巳」時，符首是「己」，天盤符首在「震」宮，故此宮位為九星第一個字所泊之宮位。

b九星依原始八門圖休一坎宮為「天蓬星」，故在震宮佈入「蓬」，再依「飛星法」，依次佈「芮」於巽宮，佈入「沖」於中宮，佈「輔」於乾宮，佈「禽」於兌宮，佈「心」於艮宮，佈「柱」於離宮，佈「任」於坎宮，佈「英」於坤宮。如此完成九星之佈局。

其圖示如下：

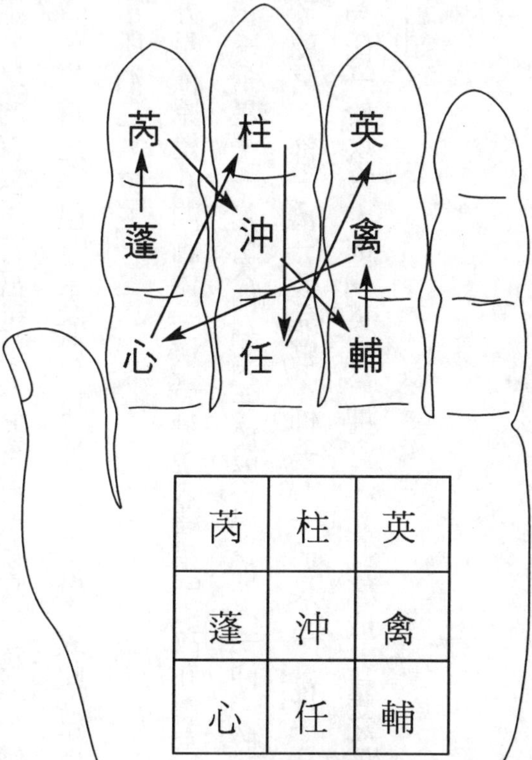

（九星排佈掌訣圖）

5.排八神：

八神和八門的排法同樣是在確定「首宮」後，順繞一圈完成排佈。八神的首宮是在天盤符首的宮位。例如前例，辛巳時的符首「己」是在「震」宮。故將八神的第一個字「符」佈入「震宮」後，其餘各字依順時針方向方向繞一圈，在巽宮佈入「蛇」，離宮佈入「陰」，坤宮佈入「合」，兌宮佈入「陳」、乾宮佈入「雀」、坎宮佈入「地」、艮宮佈入「天」。完成八神之佈局。

其圖示如下：

綜上所述，排出「陽九局、庚戌日、辛巳時」的「時盤」如下圖：

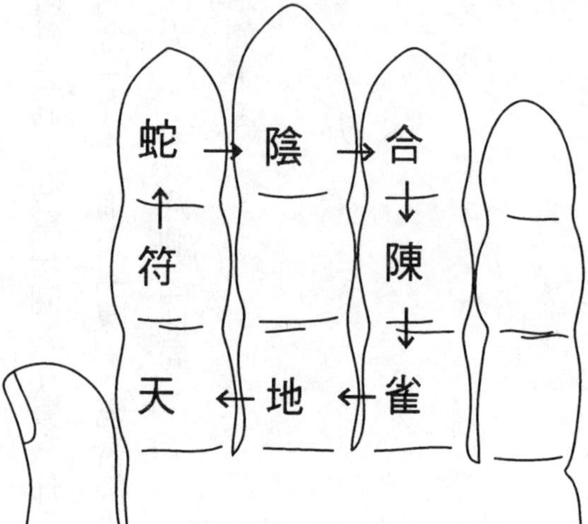

蛇	陰	合
符		陳
天	地	雀

(八神排佈掌訣圖)

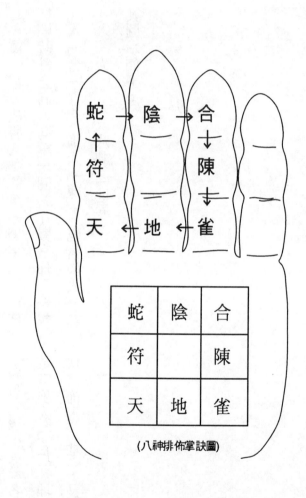

6.陰局時盤排法

a洛書盤：陰局洛書盤排法與陽局完全相同，不再贅述。

b地盤排法：與陽局不同處在採「順奇逆儀」方式排出，其順序如下，已知前述：

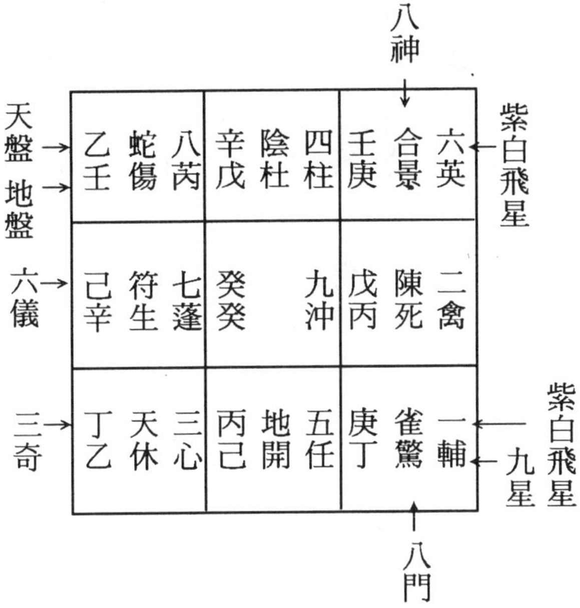

（陽九局庚戌日辛巳時盤全圖）

123456789

戊乙丙丁癸壬辛庚己

c天盤排法：係將時局之符首查出（或算出）後，佈在「時干」上，順繞一圈，與陽局相同，茲不多述。

d八門排法：與陽局不同之處，就是當由地盤符首所在的宮位找到「八門」所代表的數字後，代入該日所屬之「旬」支，要逆數至該日之時「支」。

例如陰一局，甲午日，丁卯時，為「甲子旬」，其符首為「戊」，在坎宮時，其原始八門為「休一」，故將「1」代入甲「子」旬，逆數至用時丁「卯」，其數法如下：

子1、丑9、寅8、卯7、所得總尾數為「七赤兌宮」，故要將「休」字佈入「兌宮」，然後順繞一圈，完成陰局八門佈法。

其圖示如下：

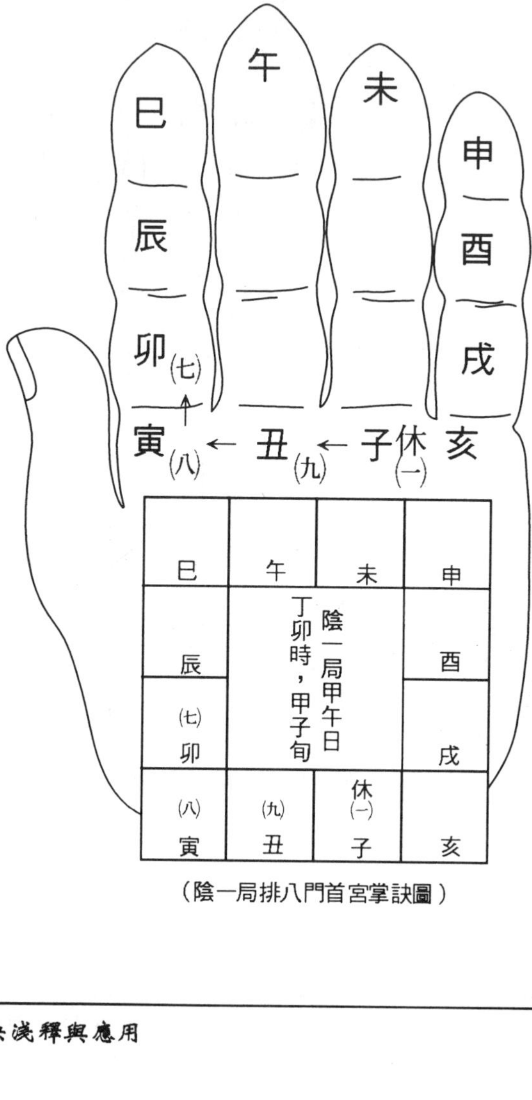

（陰一局排八門首宮掌訣圖）

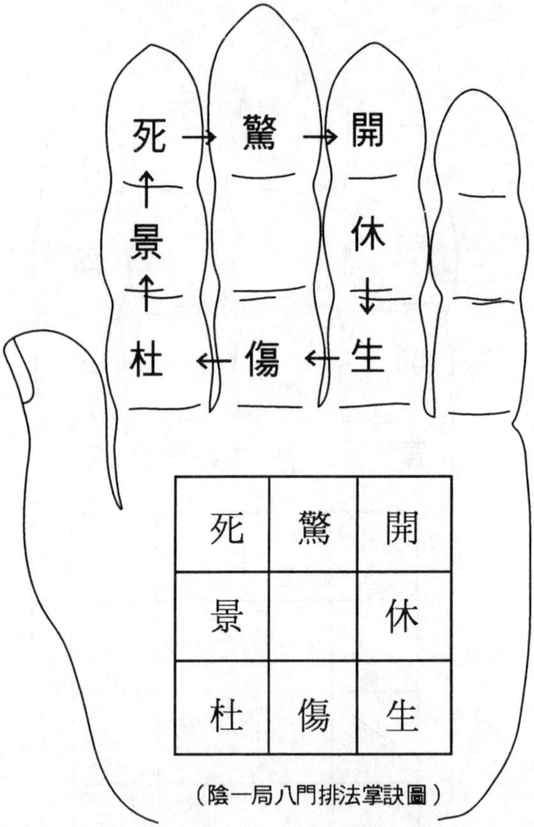

（陰一局八門排法掌訣圖）

e九星排法：與陽局排法相同，即在天盤符首佈入九星第一個字，再順次飛泊其餘八星。

f八神排法：亦係由天盤符首所在位置起佈；但與陽局不同，陰局是逆佈繞一圈。例如前例之陰一局，符首的「戊」在巽宮，故要在「巽宮」佈入「符」字，然後逆時針方向佈入「蛇」於「震宮」，「陰」入「艮宮」、「合」入「坎宮」、「陳」入「乾宮」，「雀」入「兌宮」，「地」入「坤宮」，「天」入「離宮」。完成八神之佈局。

綜上所述，排出「陰一局，甲己日，可卯時」之時盤如下：

丁卯時

九蓬 符死 戊丁	五心 天驚 庚己	七任 地開 丙乙
八英 蛇景 壬丙	一芮 癸癸	三輔 雀休 丁辛
四禽 陰杜 辛庚	六柱 合傷 乙戊	二沖 陳生 己壬

(陰一局甲己日丁卯時全盤圖)

㈣、奇門時盤排法特例：

例㈠：陽八局、癸亥日、癸亥時。

⑴陽八局以「八」入中宮，排出洛書數如下圖：

七	三	五
六	八	一
二	四	九

（陽八局洛書盤圖）

(2)排地盤：自「艮八」宮起佈入「戊」，依順儀逆奇的次序，飛泊其餘各宮，其圖示如下：

癸	己	辛
壬	丁	乙
戊	庚	丙

（陽八局地盤圖）

(3)排天盤：

癸亥時屬「甲寅旬」，符首為「癸」。而時干「癸」在「巽宮」，故將符首「癸」佈入巽宮，則形成時干和符首同宮。再看地盤「癸」（巽宮）的下一宮「離宮」內的天干為「己」，故在其下一宮的順行繞一圈結果，是「同盤」現象。其圖示如下：

癸癸	己己	辛辛
壬壬	丁丁	乙乙
戊戊	庚庚	丙丙

（天地同盤圖）

(4)排八門：

地盤符首「癸」在原始八門的巽宮為「杜四」，故將「四」代入「甲寅旬」的地支掌訣中，由「四」字起數四寅、五卯、六辰、七巳、八午、九未、一申、二酉、三戌、四亥，得其尾數為「四」，屬於「巽宮」，故要將「杜」字佈在巽宮，再順繞一圈佈入其餘「七門」。其圖示如下：

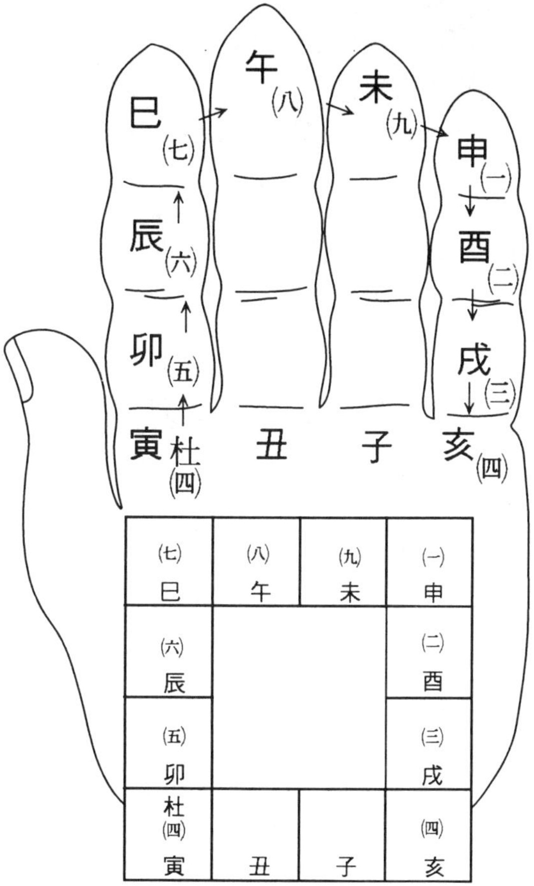

（求八門首宮掌訣圖）

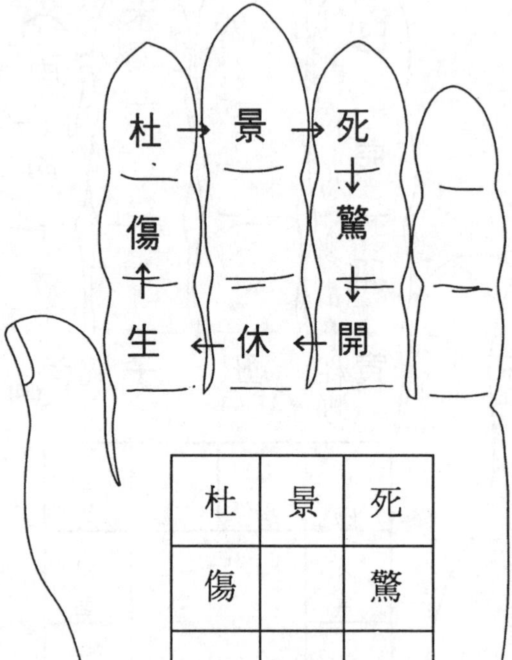

（排陽八局八門掌訣圖）

(5)排九星：因天盤符首「癸」與八門「杜」同在巽宮，其原始九星為「輔」，故將九星首字「輔」佈入「巽宮」（杜和輔同宮），再飛泊其餘八星」入宮。其圖示如下：

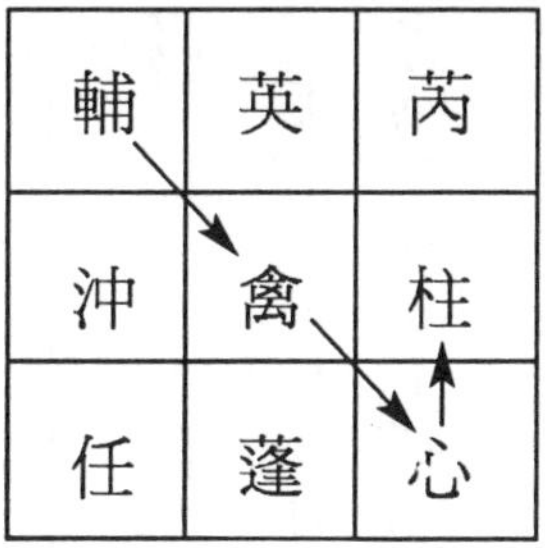

陽八局九星圖

(6)排八神：於天盤符首「癸」所在的巽宮，佈入「符」字後，再順佈其餘」七神，繞一圈完成佈局，其全圖如下：

癸亥時

七輔 符杜 癸癸	三英 蛇景 己己	五芮 陰死 辛辛
六沖 天傷 壬壬	八禽 丁丁	一柱 合驚 乙乙
二任 地生 戊戊	四蓬 雀休 庚庚	九心 陳開 丙丙

（陽八局癸亥日癸亥時全盤圖）

例㈡：陽三局、庚午日、丙戌時。

(1)陽三局以「三」入中宮，排得洛書盤如下圖：

二	七	九
一	三	五
六	八	四

（陽三局洛書盤圖）

(2)排地盤：自「震三」宮起佈入「戊」，依儀逆奇的次序，飛泊其餘各宮，其圖示如下：

己	丁	乙
戊	庚	壬
癸	丙	辛

（陽三局地盤圖）

(3)排天盤：

丙戌時屬「甲申旬」，符首為「庚」。因符首在中宮，故要借「坤二」宮之「乙」來代替，故將「乙」放在時干「丙」（坎宮）上，順繞一圈，完成天盤佈局，其圖示如下：

丙己	癸丁	戊乙
辛戊		己壬
壬癸	乙丙	丁辛

（陽三局天盤圖）

(4) 排八門：

因九星基本盤中，「禽星」無門，仍要借「坤宮」之原始八門對應之「死門」來佈八門。但中宮之數為「五」，故以「五」代入甲「申」旬之地支掌訣中，數至用時之丙「戊」，得其尾數為「七赤兌」宮，故將「死門」佈入「兌」宮，而非以「二」代入。其圖示如下：

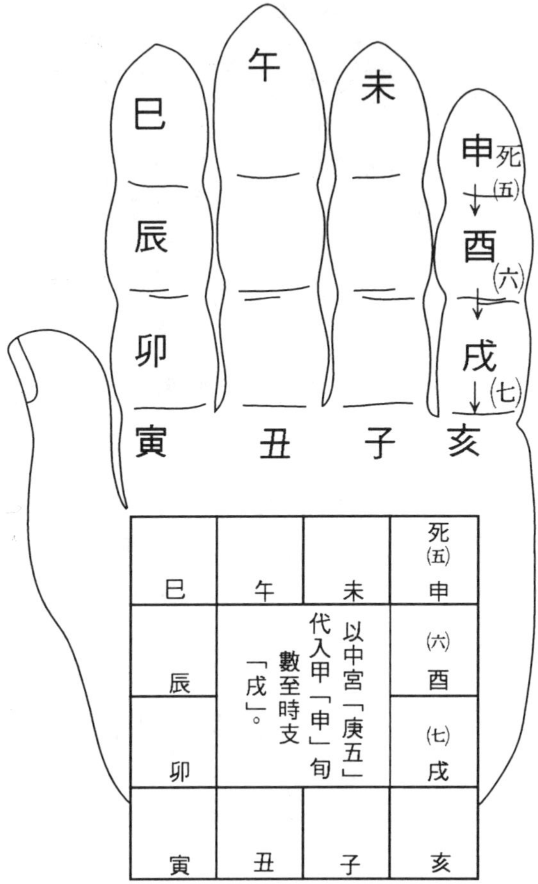

（求陽三局排八門首宮掌訣圖）

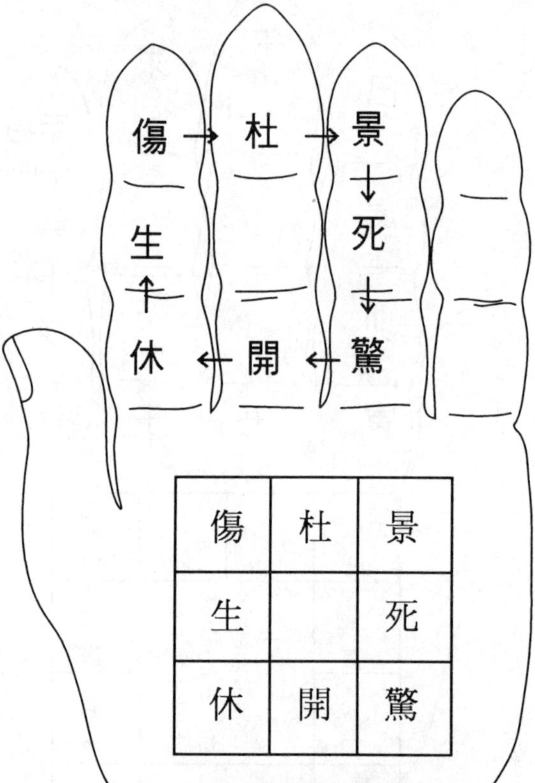

（陽三局八門排法掌訣圖）

(5)排九星：坤宮之原始九星為「芮」，故將「芮」佈入兌宮，再順次飛佈其餘八星入各宮位。

其圖示如下：

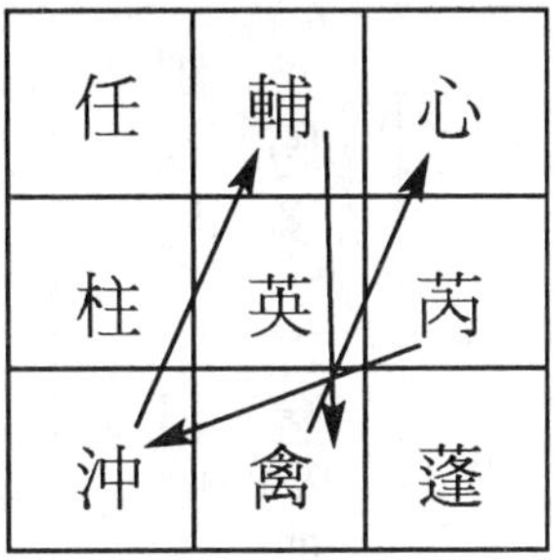

(陽三局九星圖)

(6)排八神：

因天盤符首係借「坤乙」來代、乙在「坎宮」，故要在坎宮佈入八神的第一個字「符」，再順佈其餘七神，繞一圈完成佈局，其全圖如下：

例㈢：陽八局丙午日甲午時。

⑴陽八局之洛書盤及地盤，圖示如下：

七	三	五
六	八	一
二	四	九

（陽八局洛書盤圖）

癸	己	辛
壬	丁	乙
戊	庚	丙

（陽八局地盤圖）

丙戌時

丙 合 二 己 傷 任	癸 陳 七 丁 杜 輔	戊 雀 九 乙 景 心
辛 陰 一 戊 生 柱	庚 三 庚 英	己 地 五 壬 死 芮
壬 蛇 六 癸 休 沖	乙 符 八 丙 開 禽	丁 天 四 辛 驚 蓬

（陽三局庚午日丙戌時全盤圖）

(2) 排天盤：

因甲午時為「甲午旬」，符首為「辛」。要將符首「辛」放上地盤的時干「甲」午之上，但地盤圖上無「甲」字，故要遁在符首「辛」上，則以「辛」代「甲」佈入地盤「辛」字上面，形成同盤現象。順繞一圈排佈的結果，圖示如下：

癸癸	已已	辛辛
壬壬	丁丁	乙乙
戊戊	庚庚	丙丙

（陽八局丙午日甲午時天盤圖）

(3) 排八門：

因地盤符首「辛」所在的「坤」宮，是原始八門定盤的「死門」所在宮位，故要以「坤二死」代入甲「午」旬的地支掌訣中，數至時支甲

「午」支，自「午」數到「午」則原封不動，仍為「二死」，故要在「坤宮」佈入「死門」，然後順繞一圈，佈入其餘七門，完成八門佈局。

其圖示如下：

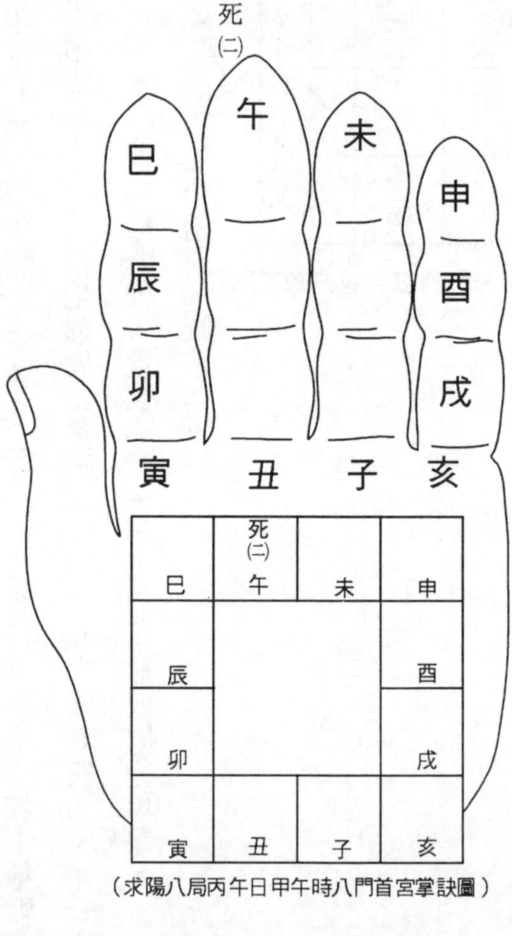

（求陽八局丙午日甲午時八門首宮掌訣圖）

(4)排九星：

因「坤」宮之原始九星為「芮」，故要將「芮」佈入天盤符首「辛」所在之宮位「坤」宮，然後再順次飛泊其餘各星入宮。其圖示如下：

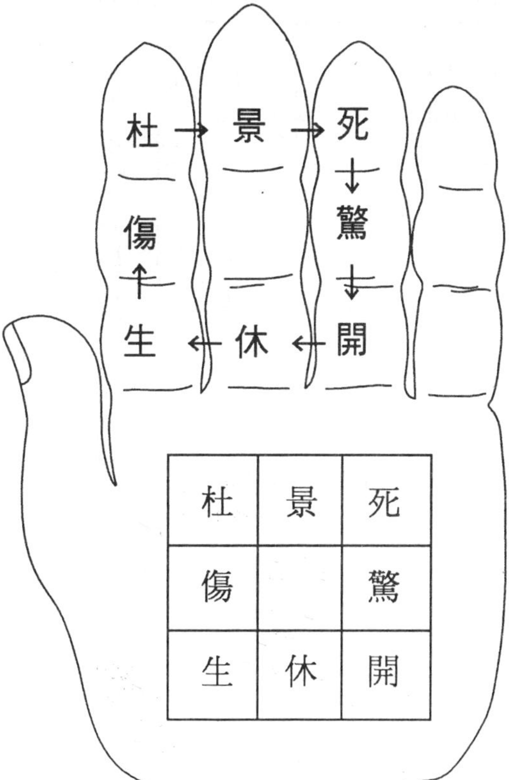

（陽八局丙午日甲午時八門排盤掌訣圖）

(5)排八神：

因天盤符首係借「坤乙」來代「辛」在「坤」宮，故八神的第一個字「符」要佈入「坤宮」，然後順繞一圈完成佈局，其全圖如下：

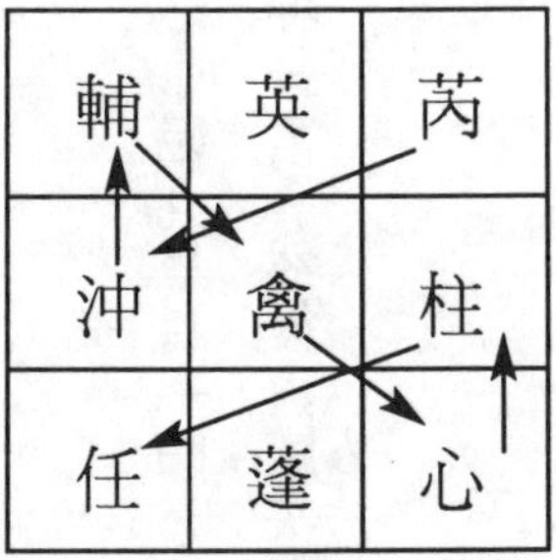

（陽八局丙午日甲午時九星圖）

甲午時

七輔 地柱 癸癸	三英 天景 己己	五芮 符死 辛辛
六沖 雀傷 壬壬	八禽 丁丁	一柱 蛇驚 乙乙
二任 陳生 戊戊	四蓬 合休 庚庚	九心 陰開 丙丙

（陽八局丙午日甲午時全盤圖）

十七、貴人掌訣

所謂「貴人」，包括天乙貴人、堆貴、進貴、貴人登天等，應用甚廣，在嫁娶擇日中，以為吉神，小殺逢之，皆可化解，諺云：「天乙不能救病但能救命。」茲分述之：

㈠、天乙貴人

天乙貴人星神原為紫微帝座左樞旁之一顆星，號稱為：「萬神之主掌」，分為二位以便「陰陽分治」。在十二地支中，辰為天羅，戌為地網，乃貴人不臨之方，而丑、未則為貴人出入之門戶，「丑」是紫微帝垣後左之門，乃陽界所轄之區，「未」為紫微帝座城南之右門，是陰界所轄之城。史記殷本紀云：「主癸卒，子天乙立，是為成湯。」商湯名履，因其英明而為殷人尊榮，故稱其名為「天乙」。天乙貴人歌訣，流傳的版本很多，吾從最直接簡便合用之方式，改編如下：

甲戊庚「丑未」，（甲丑未，戊庚未丑）

乙已「子申」鄉，（乙子申，已申子）

丙丁「亥酉」位，（丙亥酉，丁酉亥）

壬癸「卯巳」藏，（壬巳卯，癸卯巳）
辛逢「午寅」人。（辛午寅）。（上支陽下支陰）。

此是貴人方。

通常在擇日或占卜上，將天乙貴人區分為陽貴人，白天時間用；陰貴人晚上時間用之。

陽貴的產生，是起自「先天八卦」的「坤卦」（正北方），從地支掌的「子」位取「甲」干代入，因甲己合，故取其所合之「己」而用「子」為天乙貴人，故得知「己」的陽貴為「子」，自此順佈「乙」干在「丑」位，氣合於「未」，取「庚」用「丑」為陽貴，同理，以「丙」代入「寅」位，丙與辛合，故「辛」用「寅」為陽貴，以「丁」代入「卯」，丁與壬合，故此「壬」用「卯」為陽貴。同理可得知如下之掌圖：

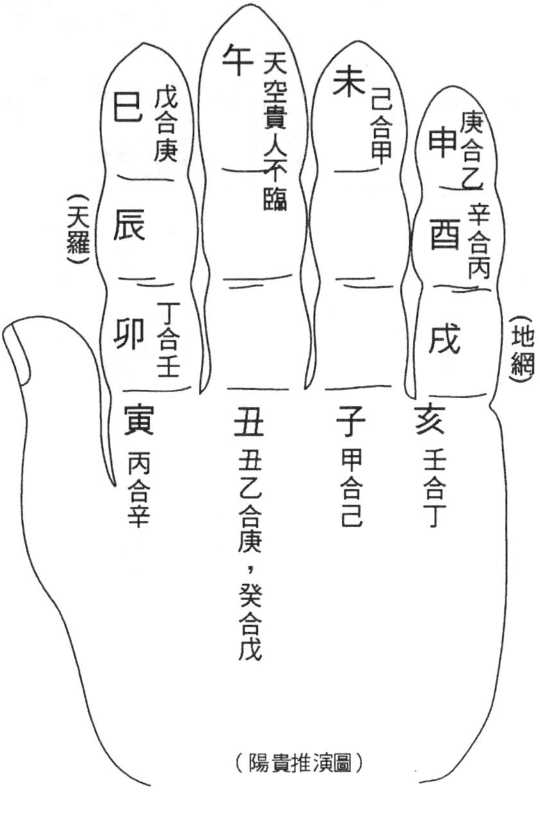

巳 戊合庚
午 天空貴人不臨
未 己合甲
申 庚合乙
（天羅）
辰
酉 辛合丙
卯 丁合壬
戌
（地網）
寅 丙合辛
丑 丑乙合庚，癸合戊
子 甲合己
亥 壬合丁

（陽貴推演圖）

陰貴的產生，是源於「後天八卦」的「坤卦」（西南方），自「申」位逆佈「甲」干於其上，甲氣合於「己」，故「己」以「申」為陰貴，以「乙」加於「未」上，其氣合於「庚」，故「庚」以「辛」為陰貴，同理可得如下之陰貴人掌圖：

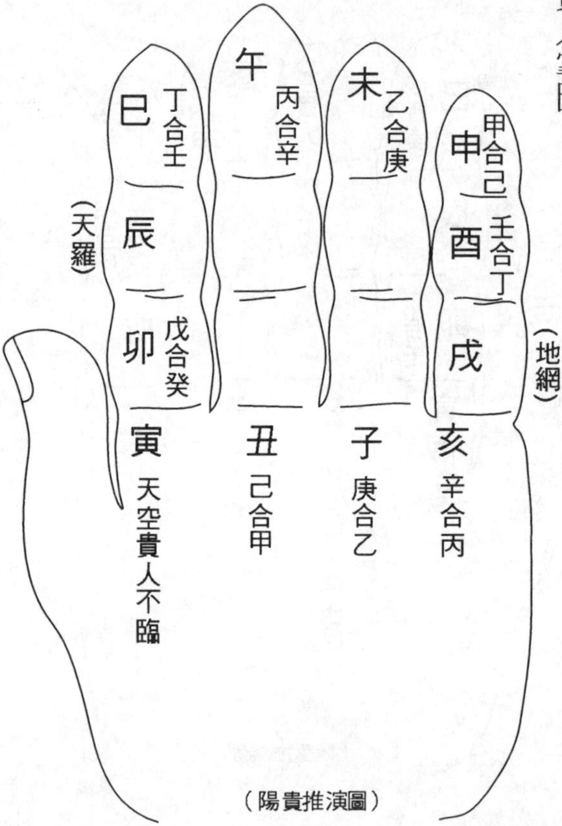

（陽貴推演圖）

由上述，可得貴人一覽表如下：

貴人一覽表

日干 方位 貴人	甲	乙	丙	丁	戊	己	庚	辛	壬	癸
陰貴	丑	子	亥	酉	未	申	未	午	巳	卯
陽貴	未	申	酉	亥	丑	子	丑	寅	卯	巳

右表為便於記憶，可簡化為下列二掌訣圖，陰貴甲丑起逆數，陽貴甲未起

順推，其圖示如下：

午辛　巳壬　未戊庚　申己　酉丁

（天羅）　辰　戌（地網）

卯癸

寅　丑　子　亥丙

甲 → 乙 → 丙

陰貴從丑起
逆數至癸干

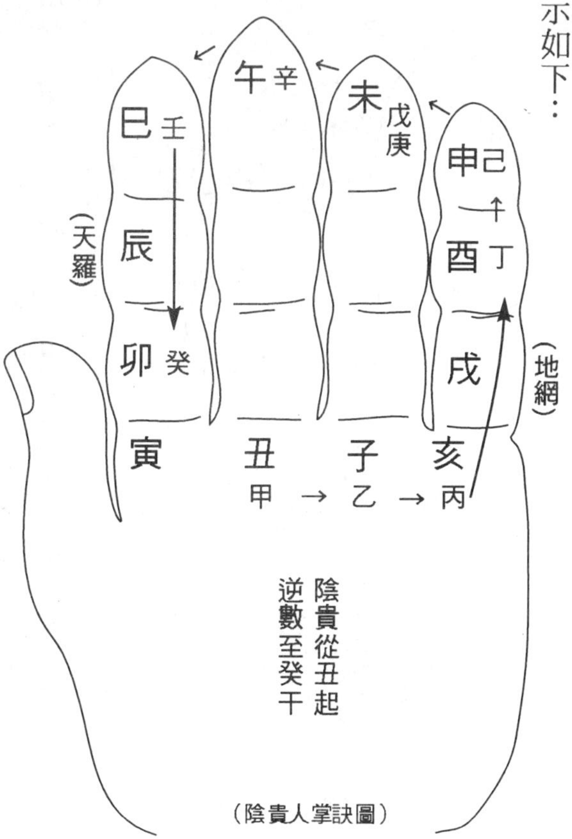

（陰貴人掌訣圖）

數貴口訣：甲、乙、丙、丁、己、戊、庚、辛、壬、癸

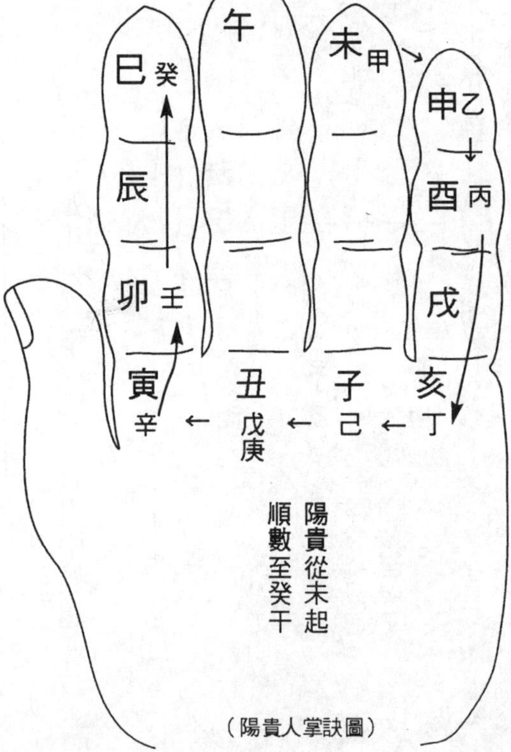

（陽貴人掌訣圖）

應用舉例：

例㈠：看一個人的八字，由日柱起「貴人」，如果其人是「甲日」生，若其年柱、月柱、日柱、時柱的地支中，有見到「丑」或「未」支者，就是論為天乙人。或論甲人的人，其貴人在丑（東北方）或未（西南方）。

例㈡：在「甲」日，要以「乙丑」時、或「辛未」時為天乙貴人時，若又沒沖到自己的生肖，則在此時辰進行一些重要事情，例如謀職，而談、旅行、簽合約、買賣交易、開張、開工、祈福等。

例㈢：地理師造造葬時，面向貴人方取吉護身。冬至後取陽貴方，夏至後取陰貴方。

㈡、進貴：即天干在日或時，而地支在命：

例如：乙卯日行婚嫁或安床，遇「子」命或「申」命之人，謂之進貴。

㈢、堆貴：即天干在命，而地支在日或時。

例如：丙寅命之人，若用巳日則犯刑、若所用之日有辛巳日支，則為有天乙貴人自然化解，謂之「堆貴」，或用酉時，謂之三合堆貴。

㈣、貴人登天時

自日干的「貴人」宮位，起「月將地支」，順推至「亥」宮，就是當日的貴人登天時。例如：雨水後甲日。

⑴雨水後月將在「亥宮」，其掌訣圖示如下：

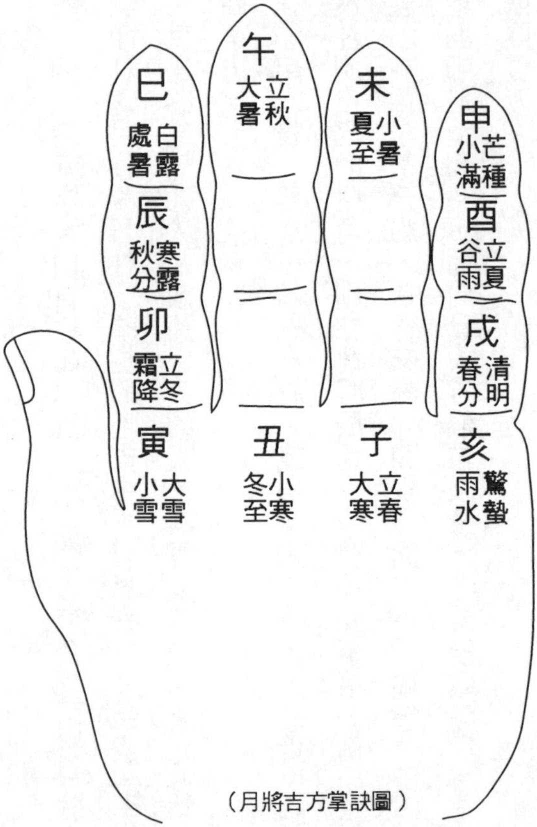

（月將吉方掌訣圖）

(2)甲日陽貴為「未」，代入「亥宮」順推：亥未，子申、丑酉、寅戌、卯亥、「亥」為天門、立於「卯」、故知「卯時」登貴。

(3)甲日陰貴為「丑」、代入「亥宮」順推：亥丑、子寅、丑卯、寅辰、卯巳、卯巳、辰午、巳未、午申、未酉、申戌、酉亥、「亥」為天門，立於「酉」、故知「酉」、故知「酉時」為「貴人登天時」。

(4)由上可知，每個日干，有兩個「貴人登天時」可用。

其掌圖如下：

(A)甲日陽貴掌訣（貴人登天時圖）

月將	區別 太陽立宮 節氣	月
子	立春後	正月
亥	雨水後	
	驚蟄後	二月
戌	春分後	
	清明後	三月
酉	穀雨後	
	立夏後	四月
申	小滿後	
	芒種後	五月
未	夏至後	
	小暑後	六月
午	大暑後	
	立秋後	七月
巳	處暑後	
	白露後	八月
辰	秋分後	
	寒露後	九月
卯	霜降後	
	立冬後	十月
寅	小雪後	
	大雪後	十一月
丑	冬至後	
	小寒後	十二月
子	大寒後	

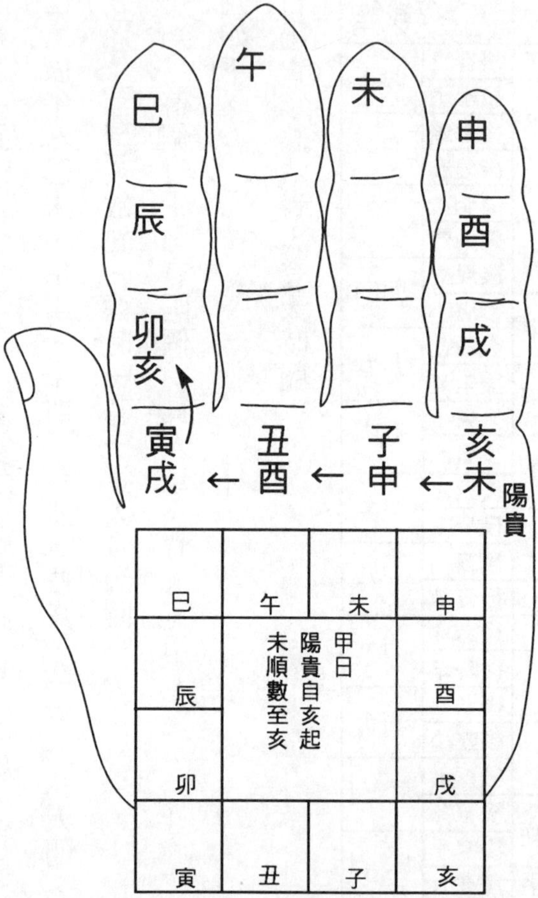
巳
午
未
申
辰
酉
卯
亥
戌
寅
戌
丑
酉
子
申
亥
未
陽貴
巳
午
未
申
甲日
陽貴自亥起
未順數至亥
辰
酉
卯
戌
寅
丑
子
亥

(B)甲日陰貴掌訣（貴人登天時圖）

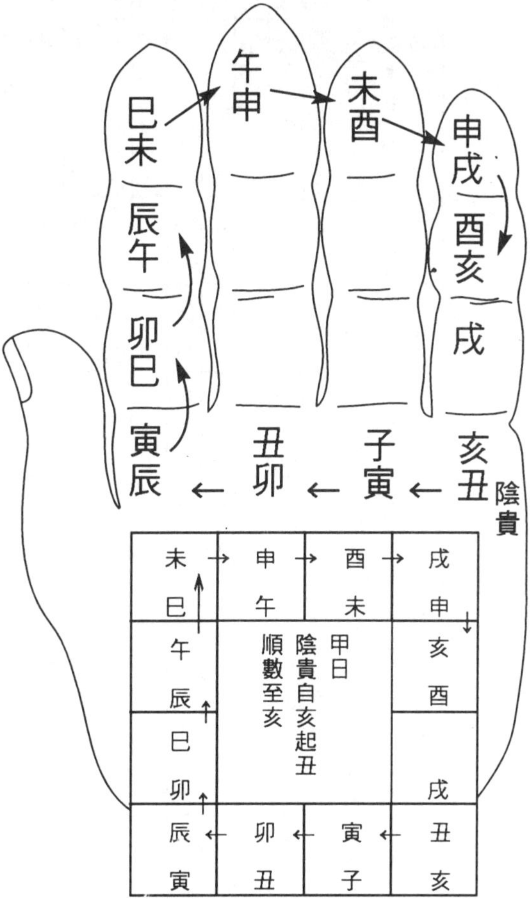

應用舉例

例如：庚命女在庚午年行嫁，主犯天狗佔「男女宮」、白虎佔「夫妻宮」、宜擇「貴人登天時」制化。

貴人登天時定局一覽表

直看日干 橫取良時

月	節氣	貴人	甲日	乙日	丙日	丁日	戊日	己日	辛日	壬日	癸日
正月	雨水後太陽亥	陽貴	卯	寅	丑	亥	酉	戌	申	未	巳
		陰貴	酉	戌	亥	丑	卯	寅	辰	巳	未
二月	春分後太陽戌	陽貴	寅	丑	子	戌	申	酉	未	午	辰
		陰貴	申	酉	戌	子	寅	丑	卯	辰	午
三月	穀雨後太陽酉	陽貴	丑	子	亥	酉	未	申	午	巳	卯
		陰貴	未	申	酉	亥	丑	子	寅	卯	巳
四月	小滿後太陽申	陽貴	子	亥	戌	申	午	未	巳	辰	寅
		陰貴	午	未	申	戌	子	亥	丑	寅	辰
五月	夏至後太陽未	陽貴	亥	戌	酉	未	巳	午	辰	卯	丑
		陰貴	巳	午	未	酉	亥	戌	子	丑	卯
六月	大暑後太陽午	陽貴	戌	酉	申	午	辰	巳	卯	寅	子
		陰貴	辰	巳	午	申	戌	酉	亥	子	寅
七月	處暑後太陽巳	陽貴	酉	申	未	巳	卯	辰	寅	丑	亥
		陰貴	卯	辰	巳	未	酉	申	戌	亥	丑
八月	秋分後太陽辰	陽貴	申	未	午	辰	寅	卯	丑	子	戌
		陰貴	寅	卯	辰	午	申	未	酉	戌	子
九月	霜降後太陽卯	陽貴	未	午	巳	卯	丑	寅	子	亥	酉
		陰貴	丑	寅	卯	巳	未	午	申	酉	亥
十月	小雪後太陽寅	陽貴	午	巳	辰	寅	子	丑	亥	戌	申
		陰貴	子	丑	寅	辰	午	巳	未	申	戌
十一月	冬至後太陽丑	陽貴	巳	辰	卯	丑	亥	子	戌	酉	未
		陰貴	亥	子	丑	卯	巳	辰	午	未	酉
十二月	大寒後太陽子	陽貴	辰	卯	寅	子	戌	亥	酉	申	午
		陰貴	戌	亥	子	寅	辰	卯	巳	午	申

其法先查太陽纏何宮、將陰陽二貴人、加在太陽位、順轉至乾為天門、專行天干時、假如正月雨後、太陽纏諏訾之次、亥宮以登明為天月將、如用甲日陰貴是丑、即將丑加亥宮、順行數至庚酉位、遇亥為天門、酉隸亥、用酉初刻及庚時也、如用陽貴是未、即將未加亥宮、順行數至甲、卯位遇亥為天門、卯隸亥、用卯初刻、乃甲時也、冬至後陽貴得力、夏至後陰貴得力、遇此吉時、神藏鬼沒、惡殺滅亡是也

十八、天三門掌訣

天三門即從魁、小吉、太沖三神將所在之方位，在奇門遁甲時盤運用上，有助於「陰謀用事，利於逃難，求財、求貴人。」

求「天三門」的方法，是以月將（十二神將）代入用時的「時支」上，逆佈於十二宮後，看「太沖、從魁、小吉」所在之宮位，就是天三門方位。其間之關係，詳如下表及掌訣圖：

月份	節氣將	太陽躔宮	十二神將	備註
一	雨水	亥	登明	(一)每個月交中氣時亥為太陽過宮，未交中氣仍應算上個月份，用上個月的十二神將。 (二)求天三門，天馬方均查此表。
二	春分	戌	河魁	
三	穀雨	酉	從魁	
四	小滿	申	傳送	
五	夏至	未	小吉	
六	大暑	午	勝光	
七	處暑	巳	太乙	
八	秋分	辰	天罡	
九	霜降	卯	太沖	
十	小雪	寅	功曹	
十一	冬至	丑	大吉	
十二	大寒	子	神后	

口訣：雨水亥登，春分戌河，穀雨酉從，小滿申傳，夏至未小，大暑午勝，處暑巳乙，秋分辰罡，霜降卯沖，小雪寅功，冬至丑吉，大寒子神。

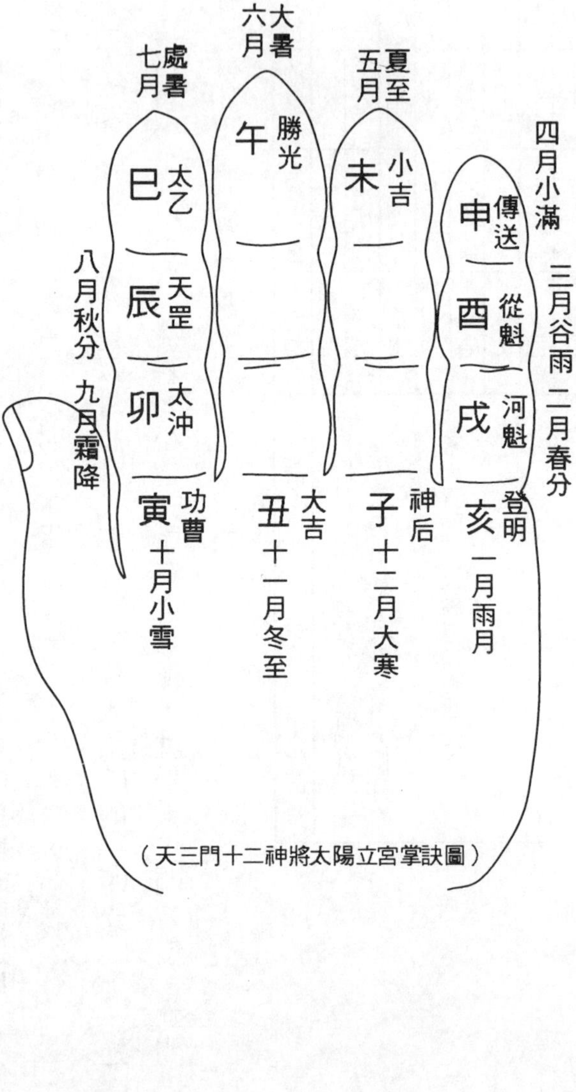

（天三門十二神將太陽立宮掌訣圖）

天三門簡稱：從、小、沖。

口訣：登河從傳小吉勝，乙罡沖曹大吉神。

例如：求民國九十二年十月二十五日（農曆十月初一日）午時的「天三門」在何方？

當年農曆九月廿九日寅時霜降，故十月初一的月將為「卯」（太陽躔宮），其十二將為「太沖」，故把「太沖」代入用時「午」支，逆佈一圈，結果看到「午、子、戌」三方位是「天三門」所在。所以，由是可知，在當日的「午」時，朝「正南方」，或「正北方」、「西北方」這三個方向去，可取吉得利。

其掌訣圖示如下：

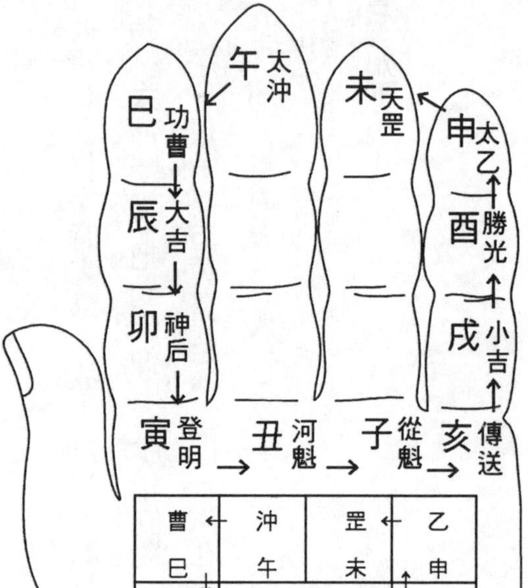
午 太沖
巳 功曹
未 天罡
申 太乙
辰 大吉
酉 勝光
卯 神后
戌 小吉
寅 登明
丑 河魁
子 從魁
亥 傳送
曹 巳
沖 午
罡 未
乙 申
大吉 辰
勝 酉
神 卯
小吉 戌
霜降卯太沖
用在「午」時
得天三門
(午、子、戌)
登 寅
河 丑
從 子
傳 亥

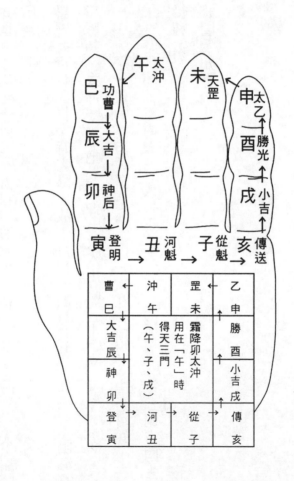

十九、地四戶掌訣

地四戶就是十二月建（又稱十二值位，或十二建除）中的「除、危、定、開」所在的宮位，在奇門遁甲應用上是做為「陰謀用事」的吉利方位。其基本掌訣圖示如下：

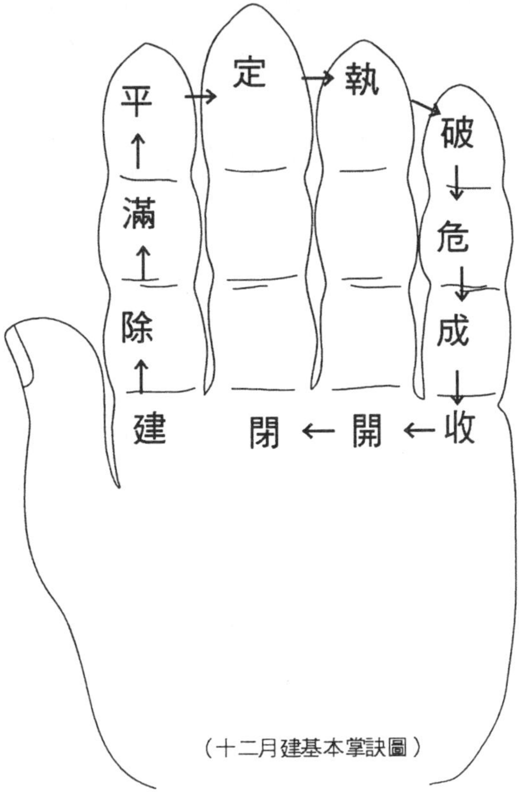

（十二月建基本掌訣圖）

推求「地四戶」的方法，就是把用事的月「支」建，代入要用的時「支」上，順庯一圈後，再看「除、危、定、開」所落的宮位，以定其方位。

例如：求民國九十二年十月二十五日巳時的「地四戶」在何方？

十月為「亥月」，就當月起「建」、將「月建」佈入「巳」宮，然後順佈其餘十一個字：除午、滿未、平申、定酉、執戌、破亥、危子、成丑、收寅、開卯、閉辰。即得知地四戶為：

除午（正南方）。

定酉（正西方）。

危子（正北方）。

開卯（正東方）。

其掌訣圖示如下：

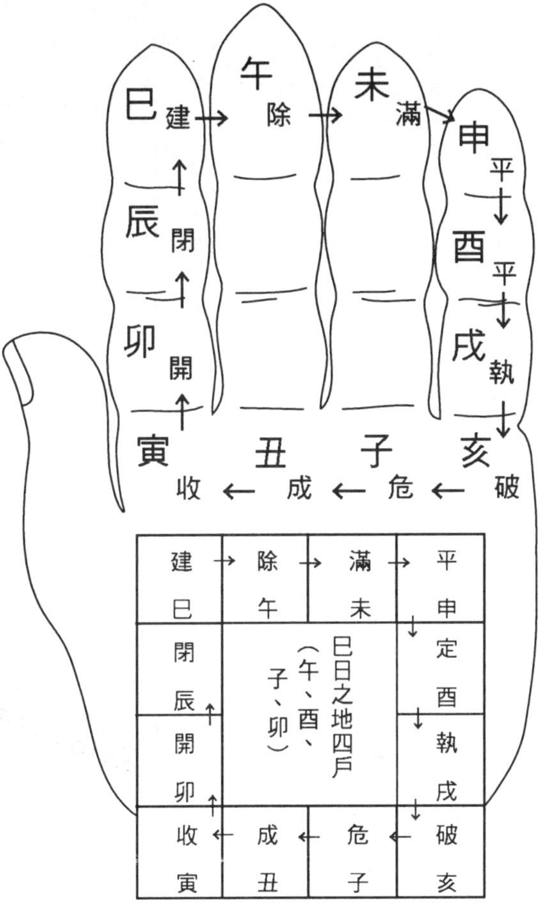

巳 建
午 除
未 滿
申 平
辰 閉
酉 平
卯 開
戌 執
寅 丑 子 亥
收 成 危 破
建 除 滿 平
巳 午 未 申
閉 定
辰 酉
開 執
卯 戌
收 成 危 破
寅 丑 子 亥
巳日之地四戸
(午、酉、子、卯)

凡是陰和合之事，例如約會、生子、嫁娶等，均為有利之方位。

地四戶一覽表

時支方位／地戶	除	危	定	開
子	丑	未	辰	戌
丑	寅	申	巳	亥
寅	卯	酉	午	子
卯	辰	戌	未	丑
辰	巳	亥	申	寅
巳	午	子	酉	卯
午	未	丑	戌	辰
未	申	寅	亥	巳
申	酉	卯	子	午
酉	戌	辰	丑	未
戌	亥	巳	寅	申
亥	子	午	卯	酉

二十、地私門掌訣

地私門就是十二天神中的「六合、太常、太陰」三辰所在的宮位。在奇門遁甲的應用上，主要用來逃亡，隱藏身形之事，若再配合奇門相照，則出門百事總欣。

求「地私門」的方法如下：

1.十二天神名稱：貴人、螣蛇、朱雀、六合、勾陳、青龍、天空、白虎、太常、玄武、太陰、天后。

簡稱：貴蛇朱合陳龍，空虎常玄陰后。

2.以日支定陽貴或陰貴之順逆：

亥子丑寅卯辰為陽貴、天神順佈。

巳午未申酉戌是陰貴、天神逆佈。

3.以日干貴人方定起佈之宮位「支」。

例㈠：甲子日的「地私門」求法如下：

甲「子」日的日支為「陽貴順佈」。

甲干的陽貴人方為「未」宮，自「未」起佈十二天神，其圖示如下：

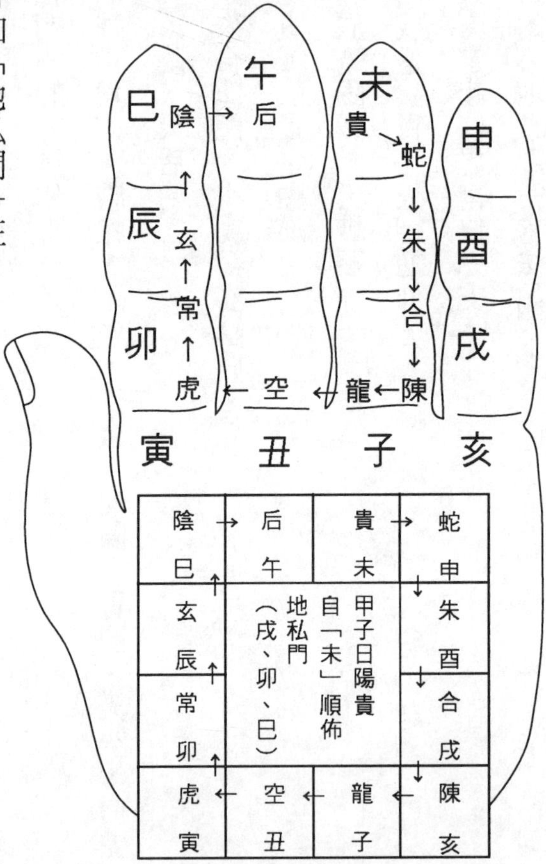

陰 巳	→ 后 午	貴 未	→ 蛇 申
↑ 玄 辰	地私門（戌、卯、巳）	甲子日陽貴自「未」順佈	↓ 朱 酉
↑ 常 卯			↓ 合 戌
↑ 虎 寅	← 空 丑	← 龍 子	← ↓ 陳 亥

由此得知「地私門」在：

六合戌（西北方）

太常卯（正東方）

太陰巳（東南方）

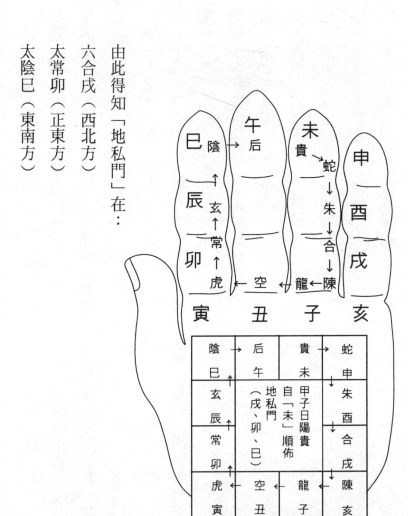

例(二)：甲午日的「地私門」求法如下：

甲「午」日的日支為「陰貴逆佈」。

甲干的陰貴人方為「丑」宮，自「丑」起佈十二天神，逆繞一圈，其圖示如下：

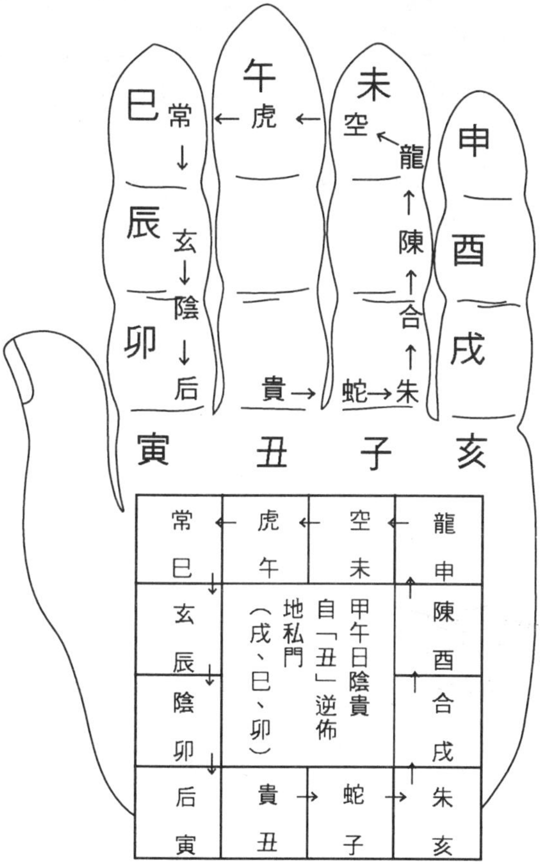

由是得知，「地私門」在：

六合戌（西北方）

太常巳（東南方）

太陰卯（正東方）

二十一、天馬方掌訣

天馬方就是十二神將的「太沖」所在宮位，即「卯」位。在奇門遁甲的應用上，主要是掌遭遇緊急危難，倉促之間，難覓奇門之際，急從天馬方避禍沖出。

求「天馬方」的方法，即以月將加用時，尋太沖（卯）位，以利逃遁。即在月將上起「用時」，順推至「卯」位（太沖）所在、即天馬方位所在。

例如：求六月的子時之天馬方。

六月的月將是「午」、即將「子」時加在「午」位起推：得知天馬方在「酉」（太沖卯）。

其圖示如下：

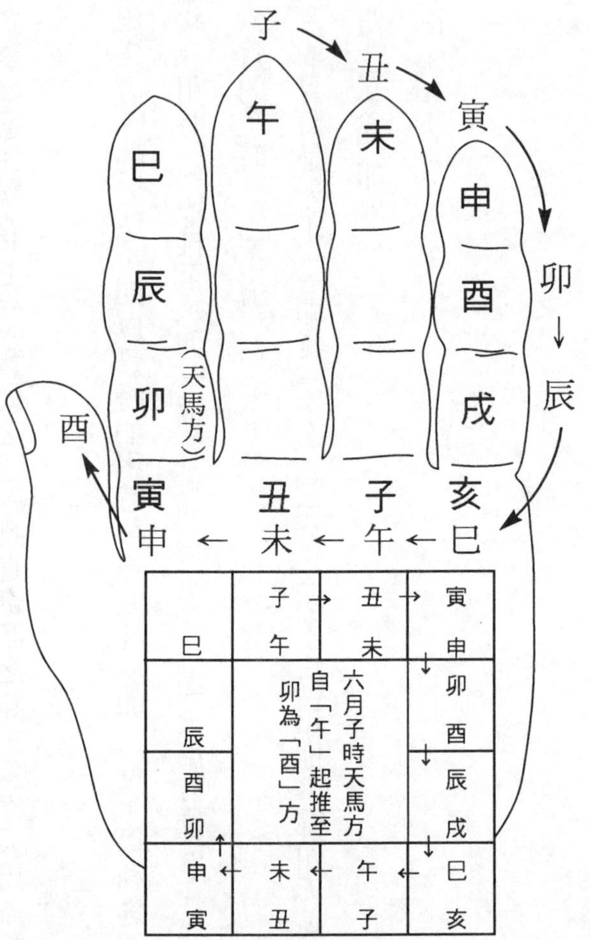
子
丑
寅
卯
辰
巳
午
未
申
酉
戌
亥
天馬方
巳
辰
卯
寅
丑
子
亥
申
未
午
巳
酉
六月子時天馬方
自「午」起推至
卯為「酉」方

月將檢索表如下：

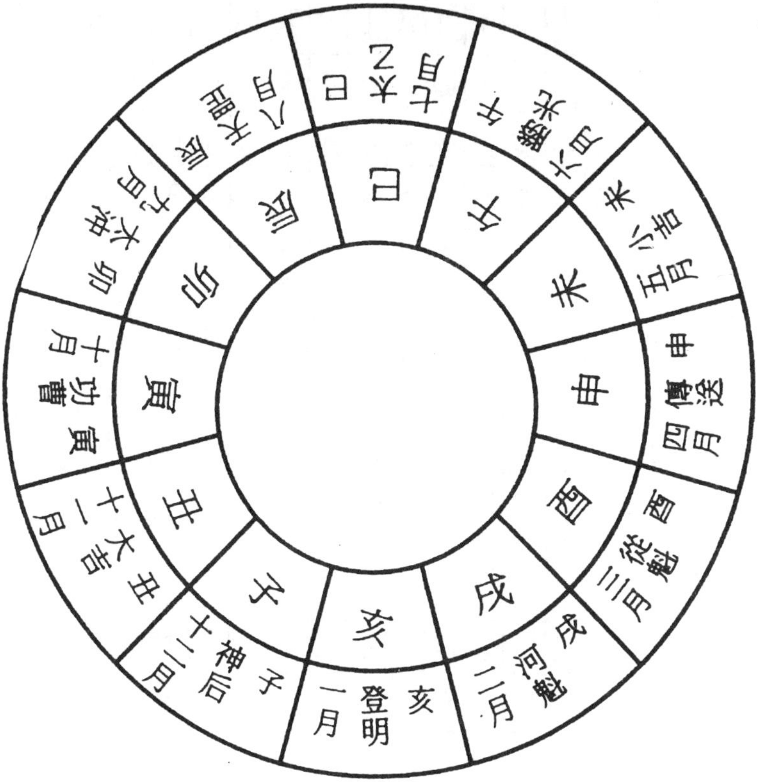
巳
午
未
申
酉
戌
亥
子
丑
寅
卯
辰
巳 太乙 七月
午 勝光 六月
未 小吉 五月
申 傳送 四月
酉 從魁 三月
戌 河魁 二月
亥 登明 一月
子 神后 十二月
丑 大吉 十一月
寅 功曹 十月
卯 太沖 九月
辰 天罡 八月

十二	十一	十	九	八	七	六	五	四	三	二	一	月份 月支／天馬方／時支
子	丑	寅	卯	辰	巳	午	未	申	酉	戌	亥	
卯	寅	丑	子	亥	戌	酉	申	未	午	巳	辰	子
辰	卯	寅	丑	子	亥	戌	酉	申	未	午	巳	丑
巳	辰	卯	寅	丑	子	亥	戌	酉	申	未	午	寅
午	巳	辰	卯	寅	丑	子	亥	戌	酉	申	未	卯
未	午	巳	辰	卯	寅	丑	子	亥	戌	酉	申	辰
申	未	午	巳	辰	卯	寅	丑	子	亥	戌	酉	巳
酉	申	未	午	巳	辰	卯	寅	丑	子	亥	戌	午
戌	酉	申	未	午	巳	辰	卯	寅	丑	子	亥	未
亥	戌	酉	申	未	午	巳	辰	卯	寅	丑	子	申
子	亥	戌	酉	申	未	午	巳	辰	卯	寅	丑	酉
丑	子	亥	戌	酉	申	未	午	巳	辰	卯	寅	戌
寅	丑	子	亥	戌	酉	申	未	午	巳	辰	卯	亥

二十二、奇門表格

(一)時辰奇向空白表

月／日	日干星局	時辰奇向		
		卯： 辰： 巳：	午： 未： 申：	酉： 戌： 亥：
		卯： 辰： 巳：	午： 未： 申：	酉： 戌： 亥：
		卯： 辰： 巳：	午： 未： 申：	酉： 戌： 亥：
		卯： 辰： 巳：	午： 未： 申：	酉： 戌： 亥：
		卯： 辰： 巳：	午： 未： 申：	酉： 戌： 亥：
		卯： 辰： 巳：	午： 未： 申：	酉： 戌： 亥：
		卯： 辰： 巳：	午： 未： 申：	酉： 戌： 亥：
		卯： 辰： 巳：	午： 未： 申：	酉： 戌： 亥：

㈡奇門表格之用法

1.空白表：用來查註各日之時辰「吉方」，以備出門時，隨身攜帶參看使用。

2.時辰奇向表：

㈠已將奇門時盤之陽一局至陽九局及陰一局至陰九局之每日主要時辰的吉方載列其中。有括弧者為九天九地，死（背生向死），神（為求神），跌（飛鳥跌穴），癸日（癸日不用）。

㈡查通書將月日填入各局，剪貼成每月一張，影印使用，甚為方便。

月／日	星局／日干	時辰奇向		
	陽一 甲己	卯：(南).東.西南神 辰：(西).南.西北神 巳：西(天)	午：西玉.北神 未：(東北) 申：(東南)	酉：北跌.西南(死) 戌：東北 亥：北跌
	乙庚	卯：東.北.南(天) 辰：東南 巳：南玉(死)	午：南.西南(神) 未：西南(死) 申：東北(神)	酉：西(死) 戌：北(死)跌.西南神 亥：東(死)
	丙辛	卯：東北.西南.北神 辰：南神 巳：東北	午：(東北) 未：(東).東北返 申：南休	酉：(南) 戌：(西) 亥：北休.東南跌
	丁壬	卯：北.東(神) 辰：東北 巳：北跌.南神	午：東.北.東南神 未：東北.西神 申：東北神	酉：南.西南神 戌：東北.東神 亥：南
	戊癸	卯：西 辰：東南 巳：西南.北跌	午：東北.西(死) 未：東南(死).西北(癸日) 申：南真	酉：西南真: 戌：西北 亥：東北

月／日	星局／日干	時辰奇向		
	陽二 甲己	卯：西南.東神 辰：東北 巳：東北.東南神	午：東北(死)玉 未：北.東北神 申：東地	酉：東北.東神 戌：(北).東北.東神 亥：東
	乙庚	卯：(北).東北神 辰：(東北).東 巳：西北	午：北(死) 未：北.東神 申：(東北).東神.北	酉：東北 戌：西南 亥：東天
	丙辛	卯：(東南).東.東神 辰：北.東 巳：西北	午：東北.北.東神 未：東南 申：南佐返	酉：南.西南.東北玉 戌：北.東北神 亥：北死
	丁壬	卯：東北.東神 辰：東北.北.東神 巳：西北跌	午：東北玉 未：西 申：東	酉：西北跌 戌：南.西南神 亥：西北怡
	戊癸	卯：東.東南 辰：西北.北神 巳：東南.南神	午：北.西北.東北神 未：南.西南.西神 申：東死.西北神	酉：北.西北.東北神 戌：東.東北.東南神 亥：東北.北.東神

月/日	星局/日干	時辰奇向		
	陽三	卯：西.東死	午：(東南).南神(甲日)玉	酉：(西北)東神
		辰：南	未：(西南).北神	戌：西南死
	甲己	巳：西	申：(南).西南神	亥：東
		卯：北.東南神	午：東南.西北	酉：西南.南神
		辰：東死	未：北.東神	戌：西死(庚日)
	乙庚	巳：西北死	申：北.南	亥：南
		卯：西.東死	午：北	酉：東死.南玉(辛日)
		辰：西.西南	未：西.東北神	戌：(北)
	丙辛	巳：東北	申：東北.南神	亥：東南死.北神
	陽三	卯：西南死(丁日)	午：(西).南玉	酉：東北死
		辰：北	未：(東).東南	戌：南.東南玉
	丁壬	巳：(東南).南	申：(北)	亥：西.西南玉
		卯：南玉.西南神	午：東北	酉：西
		辰：西北.南死	未：東	戌：東死
	戊癸	巳：東南.西神	申：南	亥：西南死

月/日	星局/日干	時辰奇向		
	陽四	卯：東.西南神	午：東死	酉：東北
		辰：西南.北神	未：東南	戌：北休.西南跌死
	甲己	巳：東	申：北.西	亥：東
		卯：東	午：東南死	酉：(北)
		辰：西南.東神	未：東北	戌：(東南)
	乙庚	巳：西	申：北	亥：(西)
		卯：(南)	午：北	酉：東
		辰：(西北).西南返	未：北死	戌：南死.東北神
	丙辛	巳：西南死.東神	申：西北.西南返	亥：南
		卯：北.東神	午：西南.東北神	酉：東北
		辰：北	未：南	戌：東南
	丁壬	巳：東南.西南神	申：東	亥：西.西南
		卯：東南	午：南跌死	酉：東
		辰：東北	未：東北	戌：西南
	戊癸	巳：西南.東南死	申：東南	亥：西南死

月/日	星局 日干	時辰奇向		
	陽五 甲己	卯：(東南).西南 辰：西南 巳：南	午：西玉.北神 未：(東北) 申：(東南)	酉：北跌西南(死) 戌：東北 亥：北跌
	乙庚	卯：(西南).北神 辰：(南).東 巳：南.西南	午：西(北) 未：西南死 申：西南死	酉：東.東南神 戌：東南死 亥：東.東北天
	丙辛	卯：西 辰：東北.北.東南神 巳：西北.東神	午：(西南死) 未：南 申：西.東北神	酉：東北死.西南天 戌：東北.東南神 亥：東南
	丁壬	卯：東北 辰：西南死 巳：南	午：(北)東南神 未：北神.西 申：東北神.西	酉：南.西南跌.西死 戌：(南) 亥：東
	戊癸	卯：西.西南 辰：東.西北死 巳：東.北死	午：東.返死 未：死 申：北.東南死	酉：死 戌：東北死 亥：西南死

月/日	星局 日干	時辰奇向		
	陽六 甲己	卯：西 辰：東 巳：東南死	午：南.東玉 未：東北死.西北怡 申：(西)	酉：北休 戌：西南死.東神 亥：東
	乙庚	卯：東南.西神 辰：西跌 巳：北	午：西死 未：西南死佐 申：西南死.東神	酉：東南返.西北跌 戌：南死 亥：東南死.西神
	丙辛	卯：西.北神 辰：東死 巳：西北.東神	午：西南死.東神 未：(南.東) 申：(東北).東神天	酉：北神 戌：西.東北神 亥：南地怡.西死
	陽六 丁壬	卯：南跌怡.西南死 辰：西北死.東神 巳：東死.西北神	午：西北死.東南返 未：南.東佐 申：東死	酉：北 戌：東南死 亥：東南返.西死
	戊癸	卯：東玉死 辰：東南.北神 巳：(北).東神	午：西南.南神 未：西北死.東南神 申：東北死.東南返.西神	酉：南死.東北神 戌：北死.西南神 亥：西南死.東神

月/日	星局 日干	時辰奇向		
	陽七 甲己	卯：北玉.西北死 辰：西北.東北神 巳：東北死.西神怡	午：東南玉.東死.西北神 未：南死 申：西死.西南返	戌：西南死.東北神 亥：(西北).東神 酉：北死.東北怡.西北佐
	乙庚	卯：東南 辰：東北死.西神 巳：(西).北神	午：東北怡.東死.西北神 未：(北).西.東神 申：西北	戌：東北死.西神 亥：西死.東南神 酉：西.北神
	丙辛	卯：東南 辰：南 巳：東北	午：西北.東神 未：西 申：西北死.西南	戌：東.西南神.東南玉 亥：東死.西北神 酉：南死.西跌
	丁壬	卯：東北 辰：西北.東神 巳：(西南)	午：西北 未：(東北) 申：西北死.西跌	戌：西死 亥：東北死.西南返 酉：(西)
	戊癸	卯：東.北 辰：東.西南神 巳：南	午：東南.西神 未：西 申：東北.南神	戌：西南 亥：東.西南神 酉：西北.東神

月/日	星局 日干	時辰奇向		
	陽八 甲己	卯：(東南) 辰：西死.東南神 巳：(東)	午：東北死 未：西南.東北.北神 申：東死	酉：(東北) 戌：西北佐 亥：東北跌西神
	乙庚	卯：西南玉.西北.東南神 辰：東 巳：西北死.南神	午：南.西南休 未：南.西南死.東神 申：西北	酉：(南).西南玉 戌：西北死.南神 亥：(東南).南神
	丙辛	卯：西死 巳：東北跌死.西神 卯：(東北)	午：西北 未：東死 申：東南死.東北跌	酉：西北 戌：東 亥：西死.東南神
	丁壬	辰：西南跌死.東神 巳：西北 卯：東	午：南.東南 未：東死.西北神 申：東北死(壬日)	酉：北.南死 戌：西北南死 亥：東南死.東跌.北神玉
	戊癸	辰：東.東北 巳：東南 卯：北死.西南神	午：西南 未：西死 申：南	酉：東北 戌：西 亥：西北

月/日	星局/日干	時辰奇向		
	陽九 甲己	卯：東南死.西北佐.北神 辰：西 巳：東.東南神	午：北死 未：西北死.南跌 申：西.西北神	酉：西北 戌：東北 亥：東死.東北佐
	乙庚	卯：(西) 辰：西 巳：東北.(北)	午：南 未：西南死.東神 申：東北.西北	酉：東死 戌：西北.北神 亥：東北.東神
	丙辛	卯：西 辰：南.西南神 巳：東北.西北	午：東北.西北 未：北 申：東.東南	酉：西.南 戌：東北死.東南 亥：南死.西北
	陽九 丁壬	卯：東北.東神 辰：(東北) 巳：西北死.南跌	午：(南).西北玉 未：東 申：西北休.北神	酉：西死.東南.南玉 戌：東死.西北神 亥：西北死.南神
	戊癸	卯：東.南神 辰：北 巳：東南.東北玉	午：西.北 未：南.東 申：東北.西北	酉：南.西 戌：西南.西北 亥：東北.西北

月/日	星局/日干	時辰奇向		
	陰一 甲己	卯：(西南).北神.西(玉) 辰：南死 巳：(西).西北神	午：(東南)玉.南.西地西南神 未：東南 申：南(休地)	酉：(西北).北(玉).東神 戌：西南死 亥：南(怡)
	乙庚	卯：南死.東南玉 辰：西北.北神 巳：西死.西南玉	午：西南.西神 未：西南死.南玉 申：西南死.東南地	酉：西(神).西北神 戌：東南死 亥：(西南)玉.東北死.西神
	丙辛	卯：(北).東北神 辰：東南.北跌死 巳：(西北)	午：西南死.東南地 未：東.東南神 申：西.西北.東北神	酉：東死.北地 戌：南.西神.西南(休) 亥：北.東地.東北神
	陽六 丁壬	卯：西南死.東南地.東神(丁日) 辰：西南死 巳：東南.北跌	午：西南.西神.西北地.東南玉 未：北死 申：東南死	酉：東(真).北玉 戌：南.西神.東死返 亥：東.南神
	戊癸	卯：西南(佐).東南玉 辰：東死.北地 巳：北跌.東北.東神	午：北死.西地 未：南死.東地 申：東北死.西北地	酉：西死.南地 戌：西北死.西南地.東返 亥：西南死佐.東南地

月/日	星局 日干	時辰奇向		
	陰二 甲己	卯：東南.西北地 辰：東(休) 巳：西北死.西南怡	午：西南死玉 未：西 申：東死.北地	戌：西南死.東神 亥：西南死 酉：(南).西北地.西南
	乙庚	卯：東死.西北神 辰：北死 巳：(東南)(乙日)	午：東死.西南玉 未：西南死.(東北) 申：西南死	戌：東死 亥：東.南神 酉：東南
	丙辛	卯：北.西南玉 辰：南.西南跌 巳：西南死.東神	午：西南死 未：東死.北地(南) 申：(西南).東北地	戌：東北死.西南玉佐 亥：西北死.南神 酉：(東)
	丁壬	卯：(東北).北(丁日) 辰：西南死 巳：南死.南地.東南神	午：北.西南玉 未：東死.西北神 申：東北死.西神	戌：南死.東地.東北神 亥：東北(休).東南返 酉：西.西南.北神
	戊癸	卯：西.西南(玉).北神 辰：東北死 巳：北死.西南神	午：西南玉.東南死 未：西死 申：東死	戌：西北死.西南跌 亥：南死 酉：西南死

月/日	星局 日干	時辰奇向		
	陰三 甲己	寅：西.北神. 卯：西北死.南神 辰：西北 巳：東北死	午：西南.東死 未：北死 申：東.西死	酉：西北.東神.東南地 戌：(西北) 亥：北死西南神
	乙庚	卯：東南.西北玉 辰：西南死.東神 巳：東南死	午：東死 未：(北).西南死 申：西北	酉：東北死 戌：北.東南神 亥：東南死.西玉
	丙辛	卯：東南 巳：東死.西北神(丙日) 卯：東北.東南地	午：西北 未：東死 申：西北死	酉：北死西北玉 戌：東北.東南神.南地 亥：南死
	丁壬	辰：東北 巳：西北 卯：(西南).北地.西北神	午：(西北)玉 未：西南玉 申：西北死	酉：西死.東南神 戌：東北死.西神 亥：(西).東地.東北神
	戊癸	辰：北.東南神.西北玉 巳：南死 卯：東死.西北神	午：東南 未：南死 申：東北	酉：西南 戌：東 亥：西北

月／日	星局 日干	時辰奇向		
	陰四 甲己	卯：東死 辰：西死 巳：西.西南.北神	午：北死 未：南.東南.西神 申：西北死	酉：西南死 戌：西北.東神 亥：東.西南神
	乙庚	卯：東北死.西神 辰：東死 巳：南	午：東北.東南神 未：西南死 申：(西北).東神	酉：北死 戌：南死 亥：東北死
	丙辛	卯：東南死 辰：(西).西南 巳：西南死.東神	午：西北.東神 未：南.東南.西神 申：西死	酉：東南死.北神 戌：南死.東北神 亥：東死.北地
	陽九 丁壬	卯：西北.東神 辰：西北.東神 巳：東死.西北神	午：東.西南地.南神.西玉 未：北死 申：西死.西南玉	酉：南死 戌：(西北) 亥：(東)
	戊癸	卯：東死.西玉 辰：西南.東南死.北神 巳：南.東南.西神	午：東北.南神 未：西死.東南神.北 申：東南.西神	酉：西.東北神 戌：東.西南神 亥：西北.東神

月／日	星局 日干	時辰奇向		
	陰五 甲己	卯：西南死.玉 辰：北死 巳：西北.東北神	午：(南).東南.西神 未：東北.東南神 申：(東).東北.南神	酉：北.東神 戌：東北.西北 亥：南死
	乙庚	卯：西.西北.東北玉 辰：北死 巳：東南.西神	午：東南 未：北.西北.東神 申：東北.西北	酉：南.東南 戌：西南.北神 亥：西北死
	丙辛	卯：東休怡 辰：西死 巳：東北.北	午：東北.(西北).東南地 未：東南.西南神 申：(北).西北	酉：(東南).西北地.東北玉 戌：東北.東南神 亥：西北死
	丁壬	卯：北.東神 辰：東北.西北 巳：西南	午：西死.東北玉 未：西北 申：西.東北神	酉：東死.西北神 戌：東南.西南神 亥：東南
	戊癸	卯：東死.西北神 辰：東南.東北 巳：(東南).南.西地	午：東.北 未：西.北 申：西北	酉：東.北 戌：東北.西南 亥：西北.東北

月/日	星局 日干	時辰奇向		
	陰六 甲己	卯：東南.西南神 辰：西.北神 巳：東.東南神	午：(西南).南玉.北地 未：東北 申：(西北).東地	戌：西北 亥：東北 酉：西南.西北
	乙庚	卯：西.南玉 辰：南.西神 巳：東北	午：東北.南神.西天 未：東北.西北 申：東北.南天	戌：西北 亥：東 酉：西南
	丙辛	卯：東南.西北地.西南 辰：西北死.西天 巳：東北.東神	午：東北 未：北死 申：西南.東南死鬼	戌：西北死.南玉 亥：西.東北神玉 酉：南.西北地
	陰 丁壬	卯：西北.東神 辰：東北 巳：東.西南神	午：南死.東北神 未：西南 申：北.西玉	戌：東北.南神 亥：西北 酉：西
	戊癸	卯：南.西神 辰：東 巳：西南.北神.東北地	午：南死.北神遁 未：西 申：南	戌：西北死 亥：西 酉：東北
月/日	星局 日干	時辰奇向		
	陰七 甲己	卯：西.西北神 辰：南 巳：南死.東北神	午：東南.南神.北玉 未：西 申：(南)	酉：北.(西北) 戌：(東北) 亥：西.東天
	乙庚	卯：(東北).北玉 辰：西 巳：西北死.南神(乙日)	午：西北 未：(西北).東南地 申：東北	酉：東南死 戌：東死.西北神 亥：西北.東神
	丙辛	卯：東.東南神.西玉 辰：東北.南神 巳：東北	午：東北 未：西.西北 申：東.東北	酉：西.北玉 戌：西死.東南神 亥：東南死.東北地
	丁壬	卯：西南死.東神 辰：東北.北 巳：(東南).西地	午：(西).北玉 未：(東).西南地 申：(北).東北神(壬日)	酉：東北死 戌：南 亥：東北死
	戊癸	卯：南.北玉 辰：北.西北 巳：南.東南	午：東.東北 未：東.(癸日) 申：東北.北	酉：西.西北 戌：西 亥：西南死

月／日	星局 日干	時辰奇向		
	陰八	卯：南.西神	午：東北死.西南玉	酉：東北
		辰：西北死	未：北.東北神	戌：(北).東神
	甲己	巳：西死.東南神	申：東	亥：東.東北神.西死
		卯：(北).西南玉	午：北死	酉：西南
		辰：(東北)	未：東北.北.東神	戌：東北死.西神
	乙庚	巳：東南死.南玉	申：北.東神	亥：東
		卯：東.南神	午：北.西南死.東神	酉：北.西南死
		辰：北.東北神	未：東南死	戌：南.西地
	丙辛	巳：北.西南死	申：東死	亥：西
		卯：東北.東神	午：東北.西南玉	酉：東南死.北神
		辰：北.東神	未：西.西北神	戌：南
	丁壬	巳：(西)	申：東.東南神	亥：東北死.西北玉地
		卯：東.西南玉	午：南死.東北神	酉：東南.西南神玉
		辰：西.北神	未：南.西神	戌：東北.東南神
	戊癸	巳：東南	申：西南.西北神	亥：北.東神
月／日	星局 日干	時辰奇向		
	陰九	卯：東佑.北死	午：東南死.東玉(甲日)	酉：東北.東神
		辰：東.北.東南神	未：北天西南玉	戌：北.東神
	甲己	巳：西北人真	申：東北死	亥：南跌天
		卯：東北.東南神	午：南.西南神	酉：(東).東南神
		辰：西南.西神	未：西南死	戌：南死.東北神
	乙庚	巳：西.東北神.北玉	申：(北).東神	亥：(南).西北神
		卯：西南返.東南死	午：北.東神	酉：北死.西南神.東玉
		辰：南.東北玉	未：西南返	戌：西南.北神
	丙辛	巳：西南死	申：東北死	亥：東.東南神
	陰九	卯：東北.(丁日)	午：西南.東玉	酉：西.南死
		辰：北.東神.西南死	未：西南死	戌：東北死
	丁壬	巳：西南	申：南	亥：東.東南神
		卯：南死.東玉	午：東北.東南神	酉：南.西神
		辰：東.南神	未：西.北神	戌：東.南神
	戊癸	巳：(南).北地	申：西南神.北死	亥：北.東神

3.奇門吉格簡明表(一)

格局	天盤	地盤	八門	八詐門	九宮	所主事象
1.日奇得使	乙				乾離	出入恍惚、如神、人無見者。將兵客勝、聞憂無、聞喜。有行逢飲饌、利移徙、入宅、嫁娶。
2.月奇得使	丙				坎坤	
3.星奇得使	丁				巽艮	
4.真詐	乙丙丁		休生開	太陰		宜施恩、隱道、求仙、開市、買賣、求貴人、旅行、嫁娶、營造。
5.重詐	乙丙丁		休生開	九地		宜進人口、招募人才、經商、求取偏財、拜宮、授爵、嫁娶。
6.休詐	乙丙丁		休生開	六合		宜求醫、合藥、治疫、祛邪、祈禳、延壽、和解、求貴人。
7.天假	乙丙丁		景	九天		宜進謁、干求、利見大人、求謀、求援、請兵、選舉、考試、提升地位、消除霉運、宜陳利便。
8.地假	丁己癸		杜	九地 六合 太陰		九地：宜潛伏、藏形、避難。太陰：宜遣人、間諜、探事。六合：利逃亡。
9.人假	壬		驚	九天 六合		利捕逃亡。
10.物假	丁己癸		傷	六合		利儲蓄。

11.神假	丁己癸		傷(死)	九地		利葬埋、捕獸、誅有罪、宜安神、祭祖、求貴人。
12.鬼假	丁己癸		死	九地		利起亡薦度、化煞。
13.天遁	丙	戊丁	生		乾離	月華之蔽、可遁出彩虹、飛禽。利求神、與天溝通、用兵、開張、遠行、求財利、克敵必勝。(天火同人)
14.地遁	乙	己	開		坤艮	日精之蔽、可遁出走獸、人物。利安壙、隱遁、設伏、陰謀、保身禦敵。(地風升)
15.人遁	丁		休	太陰		星精之蔽、可遁出人物。利置營、造宅。兵之吉道，利陰謀。
	乙		休	太陰		利陰謀、溝通、請託、談判、社交。以上三遁、凡用事、興兵、施為、出入、修營宮室，萬事吉利。
16.神遁	丙		生	九天		利設行法、威神發越、求神、祈福、化煞祛邪、修塑神像、靜坐。(火天大有)
17.鬼遁	丁		生	九天	艮	利劫寨、深敵偷營、超渡、掃墓、驅鬼。
	乙		開、杜	九地		(生丁九天臨八艮)

3. 奇門吉格簡明表(二)

格局	天盤	地盤	八門	八詐門	九宮	所主事象
18. 雲遁	乙	辛	休生開		震雷	遁出黑、白、黃雲。利呼風喚雨、水戰、學道、祭祀、遠行、娛樂、婚娶、生產。
19. 風遁	乙	辛	休生開		巽風	遁出大風、利火攻、廣告、宣傳、遠行、約會、婚娶。
20. 龍遁	乙		休		坎水	遁出似龍之爬蟲類，利祈雨、水戰、造橋、游泳、養殖、旅遊、結婚、生子。
21. 虎遁	乙	辛	休生開		艮山	遁出似虎之動物，利招安、討險、用計、設陷、鎮邪、建基地。
22. 青龍返首	直符(戊)	丙				利見貴、舉兵、悅擇易遂、求財、婚嫁、借貸、買賣、建造、上任、訴訟。
23. 飛鳥跌穴	丙	直符				利出兵、行營、造葬、灼顯易成、捉賊、訴訟、求正財、貴人、買賣、借貸、婚嫁、建造、下葬。
24. 玉女守門時	甲子旬用庚午，甲戌旬用己卯，旬用戊子，甲午旬用丁酉，甲辰旬用丙午，甲寅旬用乙卯、利宴飲、陰私和合、求貴人、談判、和解、洽商、約會、社交、喜慶、娛樂。					
25. 天馬方	月將加用時，尋太沖（卯）位，利逃亡。一亥、二戌、三酉、四申、五未、六午、七巳、八辰、九卯、十寅、十一丑、十二子。					

26.天三門	月將加用時，尋太沖，從魁，小吉。陰謀用事，輔助奇門、逃難、求財、求貴人。雨水亥登，春分戌汀，穀雨酉從，小滿申傳，夏至未小，大暑午勝，處暑巳乙，秋分辰罡。霜降卯沖，小雪寅功，冬至丑吉，大寒子神。
27.地四戶	月建加在用時上，順數，尋除、危、定、開四個方位所在。建除滿、平定執、破危成、收開閉。
28.地私門	十二神將加陽貴或陰貴日，尋六合、太常、太陰方。利逃亡隱藏，得奇門財，百事總欣，或白天用陽貴，晚上用陰貴。貴、蛇、朱、合、陳、龍，空、虎、常、玄、陰、后。陽順陰逆佈。
29.三吉星	輔、禽、心上吉，沖、任次吉。
30.吉符位	太陰，六合，九天，九地。
31.三勝宮	天乙直符宮，九天宮，生門宮。
32.天輔時	甲己日己巳時，乙庚日甲申時，丙辛日甲午時，丁壬日甲辰時，戊癸日甲寅時。解官司，赦免。
33.天顯時	每日之甲時，如甲己日甲戌時，乙庚日甲申時，丙辛日甲午時，丁壬日甲辰時，戊癸日甲寅時。
34.遊三避五	三為生氣利百事，如甲己日用丙寅時。五為害氣百事凶，如甲己日用戊辰時。
35.貴人陞殿	乙奇臨震為日出夫桑，有祿之卿是貴人，陞於乙卯正殿。丙奇臨離為月照瑞門，火旺之地是貴人，陞於丙午正殿。丁奇臨兌為星見西方，天神之位是貴人，陞於丁酉本殿。

4.奇門凶格簡明表(一)

格局	天盤	地盤	九宮	所主事象
1.青龍逃走	乙	辛		不宜舉兵，主客反傷，身殘，體毀，失財，遺亡，破財，被擄，不利潛逃，百事凶。
2.白虎猖狂	辛	乙		凡舉動，戰鬥，出入必有驚詐，敗亡，破財，虛耗，遠行不利。
3.螣蛇夭矯	癸	丁		百事不利，主驚險，官非，糾紛，文書，牽連。
4.朱雀投江	丁	癸		主有文書牽連，失脫文書，占家有驚恐，怪異。用兵防奸，音訊全無。
5.伏干格	庚	日干		鬥戰須不利，為主必遭擒，失物。(庚為白虎蚩尤星)
6.飛干格	日干	庚		戰鬥則主客兩傷(主乃攻擊發起者)，敗亡。
7.伏宮板	庚	直符		主客皆不利，交兵氣自衰，占見人不在，來人不來，失盜難獲。
8.飛宮格	直符	庚		不利舉兵，宜固守，出則大將遭擒、追寇無存。
9.大格	庚	癸		求人終不見，端坐即還營。不可用事，遠行、車破、馬死、人財破散。
10.上格	庚	壬		不宜行師。(庚剋甲，天盤見庚大多不用)
11.刑格	庚	己		主失，破財，疾病。
12.奇格	庚	乙丙丁		天盤見庚，大都不可用，因庚為白虎蚩尤星，會剋甲。
13.歲格	庚	年干		用事凶，但利占卜。

14.月格	庚	月干		月朔格，同前凶。
15.日格	庚	日干		日干格，同前凶。
16.時格	庚	時干		不可舉兵，用事大凶。
17.符勃	丙	時干		主綱紀紊亂，宜固守，有驚擾悖逆之事。
18.飛勃	時干	丙		凡舉事用兵，遇勃主綱紀紊亂。
19.熒入白	丙	庚		有賊患，主破敗，上下相擊，由內往外滅敵，以纔賊陷。賊走，防賊陷。
20.白入熒	庚	丙		此時對敵宜防賊來，有賊劫營，伏路。
21.三奇入墓1	乙		坤	好思推
22.三奇入墓2	丙丁		乾	
23.三奇受制1	乙		乾	不算不凶，因乙不為乾金所剋。
24.三奇受制2	丙丁		坎	
25.九星伏吟	天蓬	天蓬		萬事不可舉（伏吟為星不動，門亦然）。
26.直符伏吟	（甲子）符首	符首（甲子）		痛苦憂疑之象
27.九星返吟	天英	天蓬		反吟為星反對，門亦然。直符相沖，如天盤甲子加地盤甲午，或天甲午地甲子，為符沖，又如直符在天盤坎加地盤離是反吟。
28.直符返吟	（甲子）景	休（甲子）		
29.天綱四張	癸	時干		萬物盡傷，不可舉兵。

4.奇門凶格簡明表(二)

格局	天盤	地盤	九宮	所主事象
30.地綱遮張	壬	時干		
31.六儀擊刑1		戊	震	甲子直符加三宮，子刑卯。
				有壓迫感，凶。
32.六儀擊刑2		己	坤	甲戌直符加二宮，戌刑未。
33.六儀擊刑3		庚	艮	甲申直符加八宮，申刑寅。
34.六儀擊刑4		辛	離	甲午直符加九宮，午刑午。
35.六儀擊刑5		壬癸	巽	甲辰直符加四宮，辰刑辰。
				甲寅直符加四宮，寅刑巳。
36.時干入墓	癸未、丙戌、戊戌、丁丑、壬辰、己丑各時。			
37.凶神	螣蛇、勾陳、朱雀。			
38.凶門	傷門、死門大凶，杜門、驚門小凶。			
39.凶星	蓬、芮大凶，柱、英小凶。			
40.五不遇時	時干剋日干，損光明，百事忌行，忌移徙，嫁娶，遠行，出兵，就職，上宮，赴任。			
41.宮迫格	休加離，生、死加坎，驚、開加震，傷、杜加坤艮，景加乾兌宮。			
42.孤虛法	空亡為孤，對沖為虛，如甲子旬孤戌亥，虛辰巳，六甲仿此。			

綸宏堂

天機派風水命理研究中心招生簡章

一、研習地點：台北縣鶯歌鎮大湖里香賓街十一巷六號

二、研習時間：每週六、日（上課時間面議）

三、講授內容簡介：

1. 陽宅學與陰宅學：（各六個月24週72小時）

☆八宅派（東西四命、東西四宅）大門、臥室、廚廁、櫃檯、財位開運佈局。

☆紫白飛星派（今年白、月白飛星）利於升遷讀書（文昌位）財丁之佈局。

☆三元玄空住宅、商店、工廠、公司之開門、催財、催官、催桃花之開運要訣。起星圖、下卦圖、城門訣、換天心、七星打劫、三元乾坤國寶（含大小八門）先天、後天、中天水法、山法（陰陽斷驗秘訣）。

☆三合派水法、黃泉、劫煞、撥砂之飛騰、吊沖、填實法（殺人、救貧黃泉秘訣）。

☆九星派淨陽淨陰之山法、水法。收山出煞，三吉六秀，四神八將秘訣。

☆陰宅速發之奇門水法及千古不傳之三元不敗些子法。

☆分金真訣：抽爻換象、28星宿分金、120分金、穿山72龍珠寶火坑分金。

☆各名師口傳之珍貴秘傳絕學。觀山、觀水、點地方法。

☆易經64卦派，陽宅直斷疾病要訣，陰宅官鬼禽曜龍穴砂水秘訣。

☆羅盤操作、開光、化煞、旺財、安神秘訣（可直斷神位吉凶禍福）。

☆住宅、商店、公司、工廠無運、退敗、發凶之化煞、開運、起死回生秘訣。

☆現場陽宅實斷、上山實際追龍點穴秘訣、吉葬凶葬之造葬法。

2.紫微斗數：（二個月：8週32小時）

排盤掌訣、各主要星辰意義解說、四化口訣、活盤運用、喜忌神與宮氣斷訣、斗笠八式斷訣、有關子女、婚姻、事業、疾病、財運考運、血光意外空亡之斷法專論。斗數在投資理財上之正確判斷方法。

3.奇門遁甲擇日學：（二個月：8週32小時）

年、月、日、時盤排法，陰陽宅上擇日之運用。

取財、求婚、赴試、討債、逃遁、解官司、造葬之用法。

奇門吉格與凶格在擇日上之解說與運用。個人每日投資理財之奇門運用。

4.姓名學：（二個月：8週32小時）

生肖、八字與陰陽五行生剋之論法，五格解說，姓名與十二生肖之論法。

姓名吉凶論斷法，正確之人名、店名取法。

現行姓名條例有關法令規定解說，及改名之要訣。

四、報名專線：02-26775178 0910-394-118

初級班：每項各一萬元，可任選，即日起報名，滿十名開課。

職業班：面議，可自訂時間，個別面授，輔導創業。

上課地點：台北縣鶯歌鎮大湖里香賓街十一巷六號。

郵撥帳唬：17356921　張松林

有人一出生到老，富貴長壽；有人窮困潦倒、疾病纏身、絕嗣孤寡；也有人接二連三出車禍血光，悲慘萬分者……這些因素大多受陰陽宅影響。一家人的成敗在陽宅，一族人的成敗在陰宅。要行善積德，替人指點迷津、改運、避災、開運，最有效途徑就是學習陰陽宅。學習陽宅要精通各派秘訣，才能精斷陰陽宅吉凶禍福。歡迎您加入地理師、命理師行業、造福自己，造福人群。

地理師專業羅盤

本派專利盤將各大門派如：八宅、紫白、三元玄空、乾坤國寶、易經64卦、大玄空、三合、九星、太乙、奇門……等地理秘訣全部融入，不必背記各派秘笈，不怕記憶力差，只要會操作本派羅盤，就能精準斷驗陰陽宅。

論宏堂

天機派風水命理學研究中心學員報名表

姓　　名		學號：
出生年月日	國曆　　年　　月　　日　　時	
身分証字號		
出　生　地		
通　訊　處		
電　　話		
學　　歷		
目前職業		
經　　歷		
婚姻及家庭狀　　況	□已□未婚	
性向測驗結　　果		
希望研習項　　目	初級班：1.陽宅學 2.陰宅學 3.紫微斗數 4.姓名學 5.奇門遁甲擇日 6.符籙。職業班：價格面議。	
備　　註	報名專線：02-26775178　0910-394-118 費用：每項各一萬元，可任選一項或多項 郵政劃撥：17356921　張松林	

◎進源書局圖書目錄◎

Zin Yuan Publishing Company Index

◎堪輿叢書◎

1001 玉髓真經/附赤霆經(古本) ----------精裝8鉅册8000元
1002 大三元廿四山六十四卦秘本全書(陳建利著) --精裝600元
1004 正宗三合法廿四山至寶全書(陳建利著) ------精裝500元
1005 正宗九星法廿四山至寶全書(陳建利著) 平裝上下册800元
1007 地理統一全書(古本) ---------------精裝4鉅册7000元
1008 三元九宮紫白陽宅入神秘旨全書(陳建利著) --平裝500元
1010 現代家相入門(虛明真人編撰) ---------------平裝250元
1011 陽宅大全(周繼著・崇仰編集) ---------------平裝350元
1012 風水二書形氣類則(瀏陽歐陽純理菴氏著) ----精裝600元
1013 地學形勢集(倪化南保合氏輯) --------------精裝1200元
1014 地理捷徑秘斷(張哲鳴著) ------------------精裝500元
1015 廿四山造葬祈福便訣(林靖欽藏書) -----------平裝500元
1016 天學洞機(林靖欽藏書) ---------------------平裝300元
1017 正宗三元法廿四山至寶全書(陳建利著) ------平裝500元
1018 正宗風水巒頭理氣至寶全書(陳建利著) ------精裝600元
1019 六十仙命廿四山安葬擇日入神秘旨全書(陳建利著)- 精裝500元
1020 陽宅佈局神位實例圖解(姜健賢著) -------彩色平裝600元
1021 陽宅寶鑑與水晶靈力應用(姜健賢著) ----彩色平裝750元
1022 陰宅幕相學與環境地質應用(姜健賢著) --彩色平裝600元
1023 地理名墓與斷訣(姜健賢著) -----------------平裝450元
1024 陽宅紫府寶鑑(劉文瀾著・金靈子校訂) ------平裝250元
1025 三元三合簡易羅經圖解使用法(天星居士著) --平裝500元

1026　渾天星度與透地六十龍(天星居士著) --------- 平裝 400 元
1027　陽宅與寶石(姜健賢著) ---------------------- 平裝 600 元
1028　三元玄空註解(姜健賢著) ------------------- 平裝 400 元
1029　剋擇講義註解(天星居士著) ------------------ 平裝 600 元
1030　陽宅個案發微(陳彥樺著) ------------------- 平裝 300 元
1031　堪輿洩秘(清・熊起磻原著) ------------------ 平裝 600 元
1032　地理鐵案(宋・司馬頭陀原著) ---------------- 平裝 350 元
1033　天元五歌陽宅篇註(易齋・趙景義著) --------- 平裝 300 元
1034　地理尋龍點穴法訣(姜健賢編著) ------------- 平裝 250 元
1035　陽宅公寓、店舖、街路圖實際斷法(天星居士著) -- 平裝 700 元
1037　蔣氏玄空學探真(于東輝著) ------------------ 平裝 300 元
1038　嫁娶擇日無師自通(天星居士著) ------------ 平裝 500 元
1039　陰宅精要(王士文著) --------------------- 平裝 300 元
1040　造葬擇日無師自通（天星居士著） ----------- 平裝 500 元
1041　羅經分層使用精典—增訂本（林琮學著） ---- 平裝 350 元
1042　造墓劣者地理法（戴仁著） ----------------- 平裝 300 元
1043　精簡陽宅學(王士文著) ------------------- 平裝 300 元
1045　天機地理提要(松林山人著) ---------------- 平裝 380 元
1046　玄空地理真原發財秘旨(蔡一良著) ---------- 平裝 500 元
1047　陽宅改運 DIY 要訣(松林山人著) ------------ 平裝 380 元
1048　各派陽宅精華(鍾茂基著) 上下冊不分售 ----- 平裝 600 元
1049　地理撮要秘訣(吳水龍編修) ---------------- 平裝 250 元
1050　新三元法—堪與驗證實例(姜健賢編著) ----- 平裝 300 元
1051　撼龍經疑龍經發揮(黃榮泰著) -------------- 平裝 500 元

◎相卜叢書◎

2001　紫微占病斷訣實例(沈平山著) --------------- 平裝 300 元
2002　紫微斗數流年災禍總論(沈平山著) ------------ 平裝 380 元

2004 易經占卜術(虛明真人編撰) ----------------平裝 200 元
2006 創意紫微命學講義(吳佳錡著) --------------平裝 350 元
2007 稀世真本鐵算盤(劉伯溫・金靈子編校) ------平裝 300 元
2008 八字學星宮之鑰(劉金財著) ----------------平裝 300 元
2009 初學卜卦(鄭景峰著) ----------------------平裝 300 元
2010 文王卦實例《第一集》(鄭景峰著) ----------平裝 350 元
2011 文王卦實例《第二集》(鄭景峰著) ----------平裝 350 元
2012 突破傳統八字命學(姜威國著) --------------平裝 350 元
2013 燕山集(清・石楷著) ----------------------平裝 400 元
2014 卜卦看財運(鄭景峰著) --------------------平裝 350 元
2015 卜卦看感情(鄭景峰著) --------------------平裝 300 元
2016 玄易門陽宅改運秘術(王士文著) ------------平裝 300 元
2017 金寶占卜實例(黃金寶著) ------------------平裝 300 元
2018 精準商業占卜全書(王士文著) ------------- 平裝 300 元
2019 紫斗精論財運實例(王士文著) --------------平裝 300 元
2020 精論男女合婚(王士文著) ----------------- 平裝 300 元
2021 精簡紫斗論命實例(王士文著) --------------平裝 300 元
2022 八字與生涯規劃講解(王士文著) ------------平裝 300 元
2023 金寶占卜實例第二集（黃金寶著） ----------平裝 300 元
2024 梅花易數解析（王士文著） ----------------平裝 300 元
2025 奇門遁甲講解（王士文著） ----------------平裝 300 元
2026 精簡奇門遁甲盤解說（王士文著） ----------平裝 300 元
2027 奇門遁甲精要（王士文著） ----------------平裝 300 元
2028 古今七政占星速成(增定版)(夏唯綱著) -----平裝 450 元
2029 文王卦與蔡宗志(蔡宗志著) ---------------平裝 300 元
2030 奇門遁甲析盤 1080 局國寶(陳彥樺著) ------平裝 700 元
2031 現代八字實例夫妻篇(蔡宗志著) -----------平裝 300 元

2032 識紫微旺好運(陳彥樺著) ------------------平裝 300 元
2033 斷易精要(鍾茂基著) ----------------------平裝 500 元
2034 易數占卜學真訣(周裕程著) ----------------平裝 350 元
2035 文王卦實例解析(蔡宗志著) ----------------平裝 300 元
2036 奇門遁甲使用精典(林琮學著) --------------平裝 380 元
2037 學會解夢的第一本書(小米著) --------------平裝 120 元
2038 金寶占卜實例第三集（黃金寶著）-----------平裝 300 元
2039 紫微斗數一時分四命（法廣居士著）---------平裝 300 元
2040 手相改運彩色圖鑑(松林山人著) --------彩色平裝 450 元
2041 五術津梁(洪富連著) ----------------------平裝 230 元
2042 手掌訣淺釋與應用(松林山人著) ------------平裝 350 元

◎符咒叢書◎

3001 靈寶大法(虛明真人編撰) ------------------精裝 400 元
3002 神法秘術大全(真德大師仝著) --------------精裝 500 元
3003 符咒秘法入門(虛明真人編撰) --------------平裝 200 元
3004 實用神符精通(真德大師等仝著) ------------精裝 500 元
3005 法師專用符法(真德大師等仝著) ------------精裝 500 元
3006 萬教符咒施法(真德大師等仝著) ------------精裝 500 元
3007 萬教符咒作法(真德大師等仝著) ------------精裝 500 元
3008 辰州符咒大全(張天師真人秘傳) ------------平裝 600 元
3009 辰州真本靈驗咒全書(余哲夫著) ------------精裝 500 元
3010 符咒秘笈大全(虛明真人編撰) --------------平裝 250 元
3011 秘傳茅山符鑑(永靖大師著) ----------------平裝 500 元
3012 真傳鳳陽符笈(永靖大師著) ----------------精裝 500 元
3013 道法指印總解(法玄山人著) -----------彩色平裝 1000 元
3014 道壇符咒應用秘鑑(法玄山人著) ------------平裝 500 元
3015 符咒應用妙法全書(法玄山人著) ------------平裝 500 元

3016　萬教指印神訣(永靖大師著) ------------彩色精裝1000 元
3017　萬教宮壇符鑑（永靖大師著) ---------------精裝500 元
3018　閭山正宗科儀寶典(法玄山人著) ---------彩色平裝800 元
3019　閭山正宗開光安神總解(法玄山人著) ---彩色平裝1000 元
3020　道法指印真傳秘笈(法玄山人著) --------彩色精裝1500 元
3021　閭山正法（法玄山人編著)-------------彩色平裝1000 元
3022　道壇解冤赦結科儀（法玄山人著） -----彩色平裝1000 元
3023　中元普渡科儀（法玄山人著） ---------彩色平裝1000 元
3024　仙道活訣竹人寸(法行士著) -----------彩色平裝800 元
3025　溫帥血脈家傳符法（佚名著） ---------------平裝300 元
3026　六甲附餘天遁神書（佚名著） ---------------平裝500 元
3027　抄本秘藏丁甲奇門符錄（佚名著） -----------平裝350 元
3028　天心符法秘旨（佚名著） -------------------平裝300 元
3029　茅山符咒制煞秘笈（華元大師著） -----------平裝500 元
3030　閭山法門秘旨（永靖大師、真德大師編著） --平裝500 元
3031　安龍奠土科儀（法玄山人著） ----------彩色平裝800 元
3032　祈安禮斗科儀（法玄山人著） ----------彩色平裝800 元
3033　閭山八卦收魂法科（永靖大師、真德大師編著）彩色平裝600 元
3034　道門祭將關煞法科（永靖大師、真德大師編著） -- 平裝500 元
3035　閭山乩童咒語秘法（永靖大師、真德大師編著） -------
---- ------------------------------------彩色平裝600 元
3036　符法真訣研究報告（許道仁編著） ------彩色平裝500 元
3037　埔里符法講義（許道仁編著） ---------------平裝300 元
3038　綜合符法講義（許道仁編著） ---------------平裝300 元
3039　正統茅山下三茅法門（方俊人編著） ---------平裝300 元
3040　茅山入門正邪符籙（方俊人編著） -----------平裝350 元

B013　七寸二分(三元) -------------------------------- 2900 元

◎堪輿平面設計圖專用◎

B014　三合龍門八局陽盤(壓克力製品) --------------------------------

-------------------------------- 大一片 1000 元、一小片 350 元

B015　三元八宅明鏡陽宅盤(壓克力製品) --------------------------------

-------------------------------- 大一片 1000 元、一小片 350 元

◎日星堂製彩色特級電木板附水平◎

B016　三寸四分（三元、三合、綜合）各 --------------- 1800 元

B017　四寸二分（三元、三合、綜合）各 --------------- 2200 元

B018　五寸二分（三元、三合、新三合、綜合）各 ------ 2800 元

B019　六寸二分（三元、三合、新三合、綜合）各 ------ 3200 元

B020　七寸二分（三元、三合、新三合、綜合）各 ------ 3800 元

B021　八寸六分（三元、三合、新三合、綜合）各 ------ 6000 元

◎黃春霖特製七、八、九運彩色玄空盤附水平◎

B022　三寸二分 -- 3000 元

B023　四寸二分 -- 3500 元

B024　六寸二分 -- 6500 元

B025　七寸二分 -- 7000 元

B026　八寸六分 -- 8000 元

◎93 年度各派名師通書◎

林先知通書【特大】 ---------------------------------- 630 元

林先知通書【大】 ------------------------------------- 530 元

林先知通書【小】 ------------------------------------- 430 元

蔡炳圳通書【特大】 ---------------------------------- 600 元

蔡炳圳通書【大】 ------------------------------------- 500 元

蔡炳圳通書【小】 ------------------------------------- 400 元

國家圖書館出版品預行編目資料

手掌訣淺釋與應用／松林山人著. 一初版.
一臺北市：進源， 2003 [民92]
面； 公分. 一一（相卜叢書；2042）

ISBN 986-864-18-2 (平裝)

1. 手相

293.23 92022870

◎相卜叢書 2042

手掌訣淺釋與應用

作　　者／松林山人
出 版 者／進源書局
發 行 人／林莊橙樺
社　　址／台北市華西街 61-1 號
登 記 證／新聞局局版台業字第5783號
電　　話／(02) 2304-2670・2304-0856・2336-5280
傳　　真／(02) 2302-9249
郵政劃撥／台北 1218123-3 林莊橙樺帳戶
電腦排版／齊格飛設計製作群
印　　刷／興海印刷股份有限公司
初版日期／二〇〇三年十二月
定　　價／平裝新台幣 350 元